Johannes Hano

Das japanische Desaster

Johannes Hano

Das japanische Desaster

Fukushima und die Folgen

HERDER

FREIBURG · BASEL · WIEN

www.herder.de

Umschlaggestaltung: Verlag Herder
Umschlagmotiv: © Hitoshi Katanoda / Polaris /
StudioX – dpa picture-alliance
Autorenfoto: privat

Satz: Barbara Herrmann, Freiburg
Herstellung: CPI Moravia Books, Pohorelice

Gedruckt auf umweltfreundlichem, chlorfrei gebleichtem Papier
Printed in Czech Republic

ISBN 978-3-451-30544-3

Inhalt

Vorwort ... 7

Prolog ... 8

Freitag, 11. März 2011 ... 14
- 14:46–17:00 Uhr ... 14
- 17:00–24:00 Uhr ... 20

Samstag, 12. März 2011 ... 27
- 00:00–07:00 Uhr ... 27
- 07:00–16:00 Uhr ... 33
- 16:00–00:00 Uhr ... 37

Sonntag, 13. März 2011 ... 41

Montag, 14. März 2011 ... 53
- 00:00–11:00 Uhr ... 53
- 11:00–24:00 Uhr ... 58

Dienstag, 15. März 2011 ... 64
- 00:00–08:00 Uhr ... 64
- 08:00–00:00 Uhr ... 69

Osaka ... 81

Mittwoch, 16. März 2011 ... 87
- Wer ist Tepco? ... 89

Donnerstag, 17. März 2011 ... 97
- Was ist ein Sievert? ... 108

Freitag, 18. März 2011 ... 113

Die Reisen in den Norden ... 125
Yamagata ... 130
Minamisanriku ... 137
Kesenuma ... 145
Tokio ... 149

Die Folgen ... 151
Fukushima ... 151
Iitate ... 162

Epilog ... 168

Danksagung ... 173

Vorwort

DIESES BUCH IST in sehr kurzer Zeit, in sehr intensiver Arbeit entstanden. Es basiert auf Tagebucheinträgen, Erinnerungen und natürlich auf Recherchen. Die Dialoge, die sich in diesem Buch finden, haben so oder so ähnlich stattgefunden. Sollten sich dabei doch einzelne Fehler eingeschlichen haben, was ich nicht hoffe, dann gehen sie ganz alleine auf meine Rechnung. Die Personen, die auftauchen, sind Menschen, die es wirklich gibt, mit denen ich zusammengearbeitet habe oder noch zusammenarbeite. Manche Personen werden nicht mit Namen genannt, weil es entweder nur flüchtige Begegnungen waren oder weil es mir nicht möglich war, sie im Nachhinein zu fragen, ob ich ihre Namen in einem Buch nennen darf. Ich habe darauf verzichtet, einen Fußnotenapparat anzulegen, aber dort, wo es mir notwendig und sinnvoll erschien, habe ich im Text die Quelle genannt, auf der die Information beruht. Grundsätzlich aber gilt im Nachrichtengeschäft, dass wir auch das zur Kenntnis nehmen, was Kolleginnen und Kollegen in anderen Medien veröffentlichen. Wichtigste Quellen für unsere Arbeit in Japan waren die verschiedenen japanischen Fernsehsender, japanische Nachrichtenagenturen, aber auch die Veröffentlichungen des Kraftwerkbetreibers Tepco, der japanischen Regierung und der japanischen Atomaufsicht. Natürlich haben wir auch gelesen, was die Kollegen in den japanischen, amerikanischen und deutschen Zeitungen schreiben. Schon allein, um zu checken, ob sich die eigenen Recherchen mit den Recherchen der anderen decken. Doch die allermeisten Informationen in diesem Buch gehen zurück auf persönliches Erleben und auf persönliche Recherchen.

Prolog

ES IST DER 9. März 2011, sechs Uhr abends, Flughafen Narita, Tokio. Aufatmen. Frische Luft, Freiheit. Nach Japan kommen wir alle gerne, die wir in Peking leben und arbeiten. Keine lästigen Visaformalitäten, keine willkürlichen Festnahmen, keine Selbstkritiken, die man schreiben muss, keine Stasischläger, die die Mitarbeiter malträtieren, keine Zensur, die einem vorschreibt, was man lesen darf und was nicht. Seit die Diktaturen in Nordafrika fallen, sind sie in China besonders nervös, behindern unsere Arbeit, laden uns vor oder bestellen uns ein, um uns wie kleine Kinder zu behandeln, uns zu drohen oder uns Dinge zu erzählen, an die sie wohl selbst nicht wirklich glauben können. Und jetzt Japan. Welch ein Glück, dass ich auch hier ein Büro habe, ein sehr kleines, aber immerhin. Zufluchtsort, wenn es in China mal wieder besonders viele Probleme gibt, wenn ich Abstand brauche, damit meine Berichterstattung nicht unter meinem Ärger leidet. Raus aus dem Psychostress, entspannen, einfach mal einen schönen Film machen; über japanische Sumoringer zum Beispiel, und dabei der Frage nachgehen, was diese dicken Männer für die japanische Seele bedeuten. Gerade wurde unter viel öffentlicher Anteilnahme zum ersten Mal seit tausend Jahren ein großes Sumo-Turnier, das Haru-Basho, abgesagt. Heimliche Videomitschnitte hatten belegt, dass viele der großen Kämpfe gekauft sind, und zur Gewissheit gemacht, was viele schon immer wussten: dass nämlich die japanische Mafia, die Yakuza, den Sport beherrscht. Meine japanische Producerin Fuyuko Nishisato und meine Assistentin Lilo Ohgo hatten schon einige Dreh- und Interviewtermine organisiert, was in dieser zwielichtigen Welt nicht so einfach ist. Aber auf die beiden ist Verlass. Die nächsten

Tage wollten wir in einer Sumo-Schule für Kinder drehen, ausgemusterte Ringer treffen, die uns helfen sollten, an die wirklich großen Jungs heranzukommen; die Ex-Ringer betreiben mittlerweile Restaurants, deren Ernährungsziel es kurz gesagt ist, gesund fett zu werden, um auf Wettkampfgewicht zu kommen. Wir wollten mit einem Shinto-Priester über die Geschichte und die kulturelle Bedeutung dieses, für uns Westler doch sehr merkwürdig anmutenden Sports sprechen. Einsteigen in eine andere Welt. Wie hatte ich mich nach dem Ärger in China darauf gefreut. Für den 11. März abends hatte ich dann noch eine Einladung der „Deutschen Gesellschaft für Natur- und Völkerkunde Ostasiens". Ich sollte dort meine Dokumentation zeigen, die ich im vergangenen Jahr produziert hatte – „Chinas Grenzen"; 20.000 Kilometer waren wir entlang der Grenzen Chinas gefahren und hatten dabei ein Land entdeckt, das die meisten Menschen so nicht kennen. Im Anschluss daran sollte dann noch eine Diskussion stattfinden mit Volker Stanzel, dem deutschen Botschafter in Japan und langjährigen Botschafter in China. Doch zu alldem kam es nicht.

Die folgenden Tage und Wochen wurden für meine Mitarbeiter und mich zu der größten körperlichen und psychischen Herausforderung unseres Lebens. Todesangst gehört in unserem Job, der uns oft in Kriegs- oder Krisengebiete führt, leider dazu. Und die meisten Kollegen, die im Laufe des März zur Verstärkung nach Japan geschickt wurden, kannten dieses Gefühl, das einen von innen aufzufressen droht; wenn man sich nicht mehr sicher ist, ob man seine Frau, seinen Mann und seine Kinder wiedersehen wird. Aber in den meisten Fällen hat man als Journalist zumindest die Illusion, dass man aus eigener Kraft der Gefahr, dem Tod entkommen kann. Wir sind es gewohnt, Risiken ein- und abzuschätzen und uns Informationen zu besorgen, die uns dabei helfen. Aber dieses Mal war alles anders.

Der Schlag traf Japan, uns alle, die wir da waren, so plötzlich, so unvorbereitet und so hart, dass uns nur noch ein letztes Hoffen blieb. Ausgeliefert, völlig machtlos warteten wir auf unser Schicksal, darauf, was der liebe Gott mit uns vorhat, ob das Hochhaus, in dessen 13. Stock unser Büro liegt, einstürzt oder nicht. Es waren vier, fünf Minuten voller Konzentration darauf, Angst und Panik nicht die Oberhand gewinnen zu lassen, in dem Bewusstsein, dass wir es selbst nicht mehr in der Hand hatten, ob wir überleben. Unser Haus und die anderen Hochhäuser, die wir aus den Fenstern sehen konnten, bewegten sich wie Grashalme im Wind.

Kurz nach dem ersten Schlag dann die Tsunamiwarnung aus den Lautsprechern auf den Straßen und immer wieder schwere Nachbeben. Unsere Nerven waren zum Zerreißen gespannt. Und das Schlimmste stand uns zu diesem Zeitpunkt noch bevor.

Etwa 250 Kilometer weiter nordöstlich begann sich – zunächst völlig unbemerkt von der Öffentlichkeit – eine Katastrophe zu entwickeln, die bis heute anhält, die nach wie vor die Gefahr birgt, dass ganze Landstriche Japans Hunderte, vielleicht Tausende Jahre nicht mehr bewohnbar sein werden. Der nukleare Notstand, den die japanische Regierung am Abend des 11. März 2011 ausrufen musste, gab diesem Tag für mich eine religiöse Dimension: Da draußen ist etwas, das man nicht hören, riechen, fühlen oder sehen kann, das sofort tötet oder einem langsam und in vielen Jahren die Organe mit Krebs zerfrisst. Man weiß nicht, ob es erst kommt oder schon wieder gegangen ist. Das Schlimmste aber: Es pflanzt eine Angst, die droht, dich von innen aufzufressen, ohne dass es überhaupt bei dir war – es ist das absolut Böse.

Die Angst und Verunsicherung bei vielen Kollegen war so groß, dass wir es ihnen freistellten in Japan zu bleiben. Mehrere Kollegen nahmen das Angebot an, kaum in Tokio angekommen, in die Heimat zurückzufliegen. Viele internationale

Unternehmen evakuierten ihre ausländischen Angestellten und deren Familien. Die Deutsche Schule wurde geschlossen, das Abitur in Deutschland gemacht, und die deutsche Botschaft verlegte sich bis Ende April komplett in das etwa 800 Kilometer südlich von Fukushima gelegene Osaka. Als am 15. März nach den Reaktorblöcken 1 und 3 auch noch die Reaktorblöcke 2 und 4 des Atomkraftwerkes Fukushima Daiichi explodierten, entschied ich, dass auch wir Tokio vorübergehend Richtung Osaka verlassen.

Zu diesem Zeitpunkt war völlig unklar, was eigentlich genau passiert war, wie groß die Schäden an den Reaktorkernen waren, ob es eine radioaktive Wolke geben würde, es zur Massenpanik kommen würde, zu Hamsterkäufen. Seit Beginn der Katastrophe und eigentlich bis heute gibt es immer wieder sich widersprechende Meldungen, deren Quellen meist die Betreibergesellschaft Tepco oder die japanischen Behörden sind und waren. Hieß es gleich zu Beginn, die Atomkraftwerke, auch die in Fukushima, seien nach dem schweren Beben planmäßig heruntergefahren worden, wurde noch am Abend plötzlich der nukleare Notstand ausgerufen. Mal hieß es, die Situation sei bei einem Reaktor außer Kontrolle, dann bei allen wieder unter Kontrolle. Es sei möglicherweise zu einer Kernschmelze gekommen, nein, doch wohl eher nicht, die Kühlsysteme würden versagen, aber die Notkühlung über Dieselgeneratoren würde wieder funktionieren, nein, doch nicht, und immer so weiter.

Wir rätselten, ob die Verantwortlichen wirklich nicht wussten und wissen, was sich gerade in den Reaktoren abspielt, und vieles spricht genau dafür, oder aber, ob sie auf jede schlechte Meldung ein paar gute folgen ließen, um die Menschen langsam auf den Super-GAU vorzubereiten, sozusagen daran zu gewöhnen. Viele Menschen, wenn nicht die meisten in Japan, hatten nämlich noch überhaupt nicht begriffen, was da auf sie zukam, waren ganz von den apokalyptischen Zerstörungen, die der Tsunami hinterlassen hatte, gefangen. Viele hatten Freunde, Verwandte, Angehörige oder Kollegen in den Fluten verloren, eine meiner Mitarbeiterinnen ihre beste Freundin. Die 25.000 Toten, die Städte und Dörfer, die komplett ins Meer gespült worden waren, wogen mehr als die paar Reaktoren, um die sich diejenigen kümmerten, die das am besten konnten und seit Jahrzehnten taten – dachten viele. Dass es sich bei der Betreibergesellschaft Tepco um eine Firma handelt, die in der Vergangenheit immer wieder Zwischenfälle runtergespielt oder verschwiegen und sogar Wartungsberichte gefälscht hatte, das war den meisten zu diesem Zeitpunkt gar nicht klar. Tepco, das war doch ein wichtiges Unternehmen, das gute, zivile Kernenergie lieferte, damit die japanische Wirtschaft wachsen konnte und in den schwül-warmen Sommermonaten die Klimaanlagen funktionierten. Für uns aber war relativ schnell klar, dass weder Tepco noch die japanische Regierung irgendetwas unter Kontrolle hatten – und dafür musste man kein Atomphysiker sein: explodierende Reaktorgebäude, hilflose Kühlversuche aus der Luft mit Hubschraubern, die entweder ihre Wasserlast überall abließen, nur nicht dort, wo sie gebraucht wurde, nämlich auf den Reaktoren, oder sich gleich ganz zurückziehen mussten, weil die Strahlung zu stark war. Dann Kühlversuche mit einem Wasserwerfer der Polizei, dem einzigen weit und breit, denn Demonstrationen oder gar gewalttätige Proteste gibt es in Japan so gut wie nicht. Und spätestens als die US-Navy ihre Schiffe, die sie zur Unterstützung der Rettungsmaßnahmen nach dem Erdbeben und dem Tsunami geschickt hatte, aus Angst vor radioaktiver Strahlung aus dem Gebiet abzog, klingelten bei uns alle Alarmglocken. Dass sich in den Reaktoren des Atomkraftwerks Fukushima Daiichi der Super-GAU zumindest anbahnte, war für uns offensichtlich – alles deutete darauf hin, aber wir wussten mit Sicherheit eigentlich gar nichts. Wir mussten lernen, zwischen den Zeilen all der öffentlichen Verlautbarungen zu lesen und zu diesem Zweck erst einmal verstehen, wie ein Atomreaktor funktioniert. Wir haben tagelang praktisch nicht geschlafen, mussten uns selbst, unsere Familien, Freunde und Kollegen immer wieder beruhigen und versuchen, trotz allem einen klaren Kopf zu bewahren, um keine Fehler zu machen, die uns selbst gefährden oder unsere Zuschauer in Deutschland in Panik versetzen könnten. Der massive Druck der chinesischen Sicherheitsbehörden, dem ich für ein paar Tage in Japan hatte entkommen wollen, war nicht mehr als das zwar unangenehme, aber doch im Verhältnis lächerliche Vorspiel zu der psychischen und körperlichen Herausforderung, die meine Kolleginnen, Kollegen und mich in Japan erwartete. Die Katastrophe begann am 11. März um 14:46 Uhr und sie ist noch nicht vorbei. Ihre Folgen sind bis heute nicht überschaubar.

Freitag, 11. März 2011

14:46–17:00 Uhr

Unser Büro in Tokio ist klein. Es liegt im 13. Stock eines Hochhauses, das dem größten japanischen Privatsender TBS gehört. Es misst etwa 60 qm, ein schmaler, langer Schlauch mit einem großen Fenster an der Außenwand. Öffnet man die Tür, steht man gleich im Archiv und wird von Fuyuko Nishisato empfangen. Fuyuko ist klein, mit großer Brille und eigentlich schon fast im Rentenalter. Wenn sie nicht gerade frei für uns arbeitet, schreibt sie Bücher über japanische Kriegsverbrechen während des Zweiten Weltkriegs. Ein Tabuthema in Japan. Sie ist klug, mutig und – was in Japan besonders selten vorkommt – äußerst kritisch im Umgang mit Autoritäten. Sie ist eine engagierte Journalistin, der man nichts vormachen kann, die alles und jeden kennt und zudem eine biologische Eigenschaft besitzt, die für uns in den Tagen, die vor uns lagen, von kaum zu überschätzender Bedeutung war: Fuyuko braucht keinen Schlaf. Wenn überhaupt, reicht ein Stündchen im Bürostuhl. Auf ihrem großen, braunen Tisch stehen Fernseher, Computer und ein Telefon, liegen Berge von Unterlagen und Notizen. Bei ihr laufen alle Informationen zusammen.

Geht man einen schmalen Gang weiter Richtung Fenster, befinden sich auf der linken Seite zwei kleine fensterlose Kammern. In der ersten schneiden wir unsere Beiträge und machen unsere Sprachaufnahmen. In der zweiten ist unser Equipment untergebracht, stehen Server, Router, Telefonanlage. Unser Kameramann Toby Marshall hat hier einen Arbeitsplatz, an dem er kleine Reparaturen an unseren technischen Geräten durchführen kann. Toby ist ein drahtiger

Amerikaner aus Los Angeles, mit langen grauen Haaren und einer Lebensgeschichte, die ihn über verschiedene Kontinente schließlich nach Japan brachte und die selbst ein Buch wert wäre. Seit mehr als 20 Jahren arbeitet er für uns, hat alles gesehen und ist eigentlich nicht aus der Ruhe zu bringen. Auch Toby geht stramm auf die Rente zu, aber geistig und körperlich ist er noch immer sehr viel fitter als so mancher 30-Jährige.

Ein paar Schritte weiter, am Ende des Schlauches, ein kleiner Raum, der gleichzeitig Sekretariat, Korrespondenten- und Besprechungszimmer ist. Ein riesiges Fenster mit Blick auf die Tokioter Skyline und die Diet, das japanische Parlament, versöhnt mit der Enge des Raumes. Hier sitzt mit Blick nach draußen Lilo Ohgo. Lilo ist eine blonde, rheinische Frohnatur, die mit ihrem Mann Mahito in den 70er-Jahren nach Tokio ging. Beide hatten sich in einer Jazzbar kennengelernt. Mahito war damals ein hochdekorierter Judo-Kämpfer und Trainer in verschiedenen europäischen Verbänden. Lilo ist voll in der japanischen Gesellschaft angekommen und über ihren Mann auch bestens vernetzt. Erfolgreiche Judoka genießen sehr großes Ansehen in Japan, einem Land, das manchmal ein wenig in seiner Tradition zu erstarren droht. Lilo managt unser Tokioter Office, aber wichtiger noch: Als Wandlerin zwischen den Welten schafft sie es immer wieder, die für uns westliche Banausen eigentlich unverstehbare japanische Kultur und Mentalität ein bisschen verstehbarer zu machen.

Es ist der 11. März, 14:46 Uhr. Lilo ist gerade im ersten Stock bei den Nachrichtenkollegen von TBS, um Archivmaterial verschiedener Sumo-Kämpfe zu besorgen, Fuyuko ist draußen, holt sich gerade etwas zu essen, und ich stehe bei Toby in der Tür, als ich ein leichtes Zittern unter den Füßen spüre. „Toby, ich glaube, wir müssen mal die Bodenplatte hier austauschen, die scheint mir kaputt zu sein." Toby schaut von seinem Arbeitplatz auf, als dem Zittern ein heftiges Ruckeln folgt. „No, no I think that's a quake" – „nein, nein, ich glaube, das ist ein Erdbeben", sagt er mit der Gelassenheit eines langjährigen Bewohners dieser Insel, die permanent von stärkeren und weniger starken Erdbeben erschüttert wird. Mir wird flau im Magen als sich plötzlich das ganze Haus in Bewegung zu setzen scheint. Ein Ächzen und Stöhnen dringt aus den Wänden, unsere Büromöbel beginnen ihre Position zu verändern.

„Toby, wir müssen hier raus!"

„Nein, ich bleibe hier. Du kannst gehen, aber es ist gleich vorbei, keine Sorge!"

Für einen kurzen Moment stehe ich unentschlossen in der Tür, warte ein paar Sekunden ab. Aus dem Ächzen und Stöhnen wird ein Grollen. Nichts ist vorbei.

„Oh, this is a real big one."

„Toby, wir müssen raus – sofort!"

Die Möbel fangen an zu tanzen, Kassetten fallen aus dem Archivregal, der Boden schwankt immer stärker.

„Toby, das ist ein Befehl! Du kommst jetzt mit!"

Hastig greifen wir uns die Kamera, Batterien, Tonausrüstung und unsere Mobiltelefone, wollen raus auf den Flur. Aber unsere Bürotür hat sich verkantet. Wir zerren mit aller Kraft, sie geht auf. Auf dem Flur japanische Kollegen, die sich wie wir auf dem schwankenden Boden kaum auf den Beinen halten können. Allen steht die Angst ins Gesicht geschrieben. Wir machen uns auf den Weg zum Treppenhaus, schwanken wie Matrosen auf schwerer See durch den Gang, müssen uns immer wieder an den Wänden abstützen. Wir sind im 13. Stock. Wir entscheiden uns, am Treppenhaus angekommen, dagegen, runterzugehen. Die Gefahr ist zu groß, dass wir stürzen. Abwarten. Aber es hört nicht auf. Wir fühlen uns machtlos, sind einer ungeheuren Gewalt hilflos ausgeliefert. Mir kommen die Bilder in den Kopf vom Erdbeben in Sichuan 2008, als wir uns durch Berge aus Geröll und Leichen bewegten und um unser Leben rannten, als ein Damm zu brechen drohte. Verdammt, ich will nicht so enden wie diese armen Menschen in China, begraben und verwest unter Geröll und Schutt. Meine Kinder brauchen mich noch. Ich will meine Frau wiedersehen. Lieber Gott, lass dieses Haus nicht einstürzen!

Nach einer gefühlten Unendlichkeit hört das Grollen auf, wird es plötzlich ruhig. Das Beben ist vorbei. Noch schwankt das Haus, aber es scheint stabil zu sein. Wir entscheiden uns, die Treppen hinabzusteigen, bevor ein starkes Nachbeben kommt – und das kommt mit Sicherheit. In jedem Stockwerk strömen Menschen in das Treppenhaus. Niemand spricht, alle sind voll konzentriert, keine Panik. Ich frage mich, wie es wohl in den Treppenhäusern der beiden Türme des World Trade Centers aussah, nachdem die Flugzeuge eingeschlagen waren.

Unten angekommen, am Ausgang, treffen wir Lilo. Sie zittert vor Angst, macht sich Sorgen um ihren Mann und ihren Sohn. Was machen wir jetzt? Noch immer schwanken die Hochhäuser um uns herum. Stürzen sie vielleicht doch noch ein? Fällt etwas herab? Wir müssen einen sicheren Ort suchen, um zu uns zu kommen. Nicht leicht in einer Stadt, die praktisch nur aus Hochhäusern besteht. Wir gehen schnell über einen großen Vorplatz des TBS-Gebäudes, um Distanz zu unserem schwankenden Haus zu gewinnen. Kommt man aus dem Haus und auf den Platz, steht links ein Theater, in dem TBS seine Fernsehshows produziert. Über dem Eingang hängt ein riesiger LCD-Monitor. Normalerweise können Passanten oder Fans hier Fernsehserien oder Shows verfolgen. Jetzt werden die ersten Bilder von zerstörten Häusern und verwüsteten Büros gezeigt. Die Nachrichtensprecher und -sprecherinnen tragen weiße Bauarbeiterhelme. Solche Helme und ein Erdbeben-Notfallkit gehören in Japan zur Standardausrüstung für alle Mitarbeiter. Auch wir haben diese Notfallausrüstung im Büro, aber bei unserer Flucht nicht daran gedacht, sie mitzunehmen. Wir gehen um das Theater herum auf einen kleinen Hügel. Nicht wirklich sicher, sollte eines der umliegenden Hochhäuser einstürzen, aber der sicherste Ort unter den gegebenen Umständen. Wir versuchen zu telefonieren, aber die Netze sind zusammengebrochen. Ganz unvermittelt dringt aus Lautsprechern, die irgendwo auf den Straßen versteckt sind, eine ruhige männliche Stimme. Der Horror ist nicht vorbei. Im Gegenteil. Beim Zuhören ahnen wir, dass das Beben nur das Vorspiel zu einer sehr viel größeren Katastrophe war, die noch auf uns zukommt. Wir sollen uns so schnell wie möglich an höher gelegene Orte begeben, ein schwerer Tsunami rolle auf die Küste zu, verkündet die Stimme aus den Lautsprechern. Tokio liegt in einer Bucht, große Teile knapp über Meereshöhe. Wie hoch ist die Welle? Trifft sie Tokio? Sind wir hoch genug?

Und dann auf einmal wieder dieses Zittern und dann dieses Grollen. Die Hochhäuser, die gerade dabei waren, sich zu beruhigen, beginnen erneut zu schwanken. Das nächste Beben ist da. Ängstliche Blicke nach oben. Die Nerven zum Zerreißen gespannt. Wir müssen uns beruhigen, sonst werden wir verrückt. Arbeiten, uns auf das konzentrieren, was unser Job ist. Berichten, recherchieren. Toby macht die Kamera klar, dreht die schwankenden Häuser und all die Menschen, die ängstlich nach oben blicken. Plötzlich klingelt Lilos Handy. Meine Frau ist dran. Ihre Stimme bebt, ich spüre ihre Angst und die Erleichterung, dass es uns gut geht. Sie erzählt von Julian, unserem 8-jährigen Sohn, der angefangen habe zu weinen, als er vor ein paar Minuten die ersten Bilder der riesigen Flutwelle gesehen habe. Die völlige Zerstörung, Japan – und Papi ist da. Und sie erzählt von unserer 11-jährigen Tochter Julie, die sich völlig in sich zurückgezogen habe. Wie gerne wäre ich jetzt bei ihnen. Kurz darauf klingelt Lilos Telefon erneut. Die Kollegen aus Berlin vom *Morgenmagazin*. Auch sie haben die Bilder der Riesenwelle und der völligen Zerstörung, die sie angerichtet hat, gesehen, Bilder, die mittlerweile, gut eine Stunde nach dem ersten Beben, um die ganze Welt gehen. Bilder, die wir noch nicht sehen konnten, weil wir bislang damit beschäftigt waren, uns selbst in Sicherheit zu bringen. Dass diese Bilder überhaupt so schnell verfügbar waren, hat einen Grund. Seit Jahrzehnten rechnet man in Japan mit dem sogenannten „Big Bang", dem Riesenbeben. Und auf diesen Tag haben sich die großen japanischen Fernsehsender vorbereitet. Überall entlang der Küste, vor allem aber in den großen Städten, haben sie an neuralgischen Punkten kleine Kameras installiert, die 24 Stunden am Tag das ganze Jahr hindurch Live-Bilder in die Nachrichtenredaktionen senden. Nur für dieses eine Ereignis. Und das ist heute eingetreten. Es wird zu dieser Katastrophe Fernsehbilder geben, wie zu keiner Katastrophe zuvor. Bilder von einer riesigen Welle, die ganze Städte wegspült und Tausende Menschen mit sich ins Meer reißt. Verstörend, apokalyptisch, Furcht einflößend.

Wir sehen diese Bilder zum ersten Mal auf dem großen Bildschirm, der über dem Eingang des Theaters vor dem TBS-Gebäude steht.

Fassungslos, ungläubig starren wir auf den Bildschirm, so wie Hunderte andere, die nicht begreifen können, was da gerade passiert ist und wohin das alles noch führen soll.

Eines ist jetzt, nachdem wir die Bilder gesehen haben, völlig klar. Wir müssen zurück, hinauf in unser Büro im 13. Stock. Müssen uns einklinken in den Informationsfluss und hoffen, dass die Daten-, Fernseh- und Telefonleitungen in unserem Büro durch das Erdbeben nicht zerstört wurden. Es ist ein mulmiges Gefühl, das Treppenhaus hinaufzulaufen. Uns begegnen Techniker, die das Haus auf Schäden, Risse, Brüche überprüfen, festzustellen versuchen, ob es sicher ist, hier weiter zu arbeiten. Durchgeschwitzt und extrem angespannt erreichen wir den 13. Stock. Zwischentüren auf dem Gang zu unserem Büro haben sich verkeilt, wir können sie nur mit Gewalt öffnen. Das ganze Haus muss sich verzogen haben. Wir stoßen unsere Bürotür auf – ein Bild der Verwüstung. Der Boden übersät mit Videotapes, DVDs, Papieren. Umgestürzte Regale, verschobene Tische. Als Toby seinen Arbeitsplatz sieht, wird er weiß im Gesicht. Der Stuhl, auf dem er gesessen hatte, als das Erdbeben begann – zerquetscht von einem schweren technischen Rack. Telefon- und Internetleitungen scheinen intakt. Bevor wir loslegen können, müssen wir erstmal aufräumen. Fuyuko steht auf einmal in der Tür. Ihr geht es gut. Nein, nach Hause will sie nicht, wir müssten doch mit Sicherheit viel arbeiten jetzt, oder? Und dann ist es schon wieder da, dieses Ächzen, Zittern, Grollen. Diesmal nehmen wir unsere Helme mit. Viele Male an diesem Tag gehen wir die 13 Stockwerke hinunter und wieder hinauf. Immer in der Hoffnung, dass das Gebäude auch noch den nächsten Schlag aushalten wird. Was wohl mit den Atomkraftwerken ist, die entlang der Küste stehen, fragt Toby irgendwann auf unserem Weg hinab. Es habe in der Vergangenheit doch schon bei wesentlich schwächeren Erdbeben größere Zwischenfälle gegeben. Zwischenfälle, bei denen auch Radioaktivität freigesetzt worden sei.

17:00–24:00 Uhr

Die Stärke des Erdbebens, das 130 Kilometer vor der japanischen Küste den Tsunami ausgelöst hat, wird ständig nach oben korrigiert, bis hinauf auf 9,0 auf der Richterskala. Es wird das stärkste Erbeben sein, das die japanische Insel seit Beginn der Messungen erschüttert hat, und das viertstärkste, das jemals auf der Welt gemessen wurde. Schon Stärke 8 bedeutet Großbeben mit vielen Opfern und schweren Verwüstungen. Die japanischen Atomkraftwerke aber sind je nach Standort nur auf Erdbeben der Stärke 7,1 bis 8,5 ausgelegt.

Es ist 17 Uhr in Japan. Vor einer Stunde hat ein bis zu 30 Meter hoher Tsunami die japanische Küste auf einer Länge von etwa 500 Kilometern heimgesucht. Jetzt tritt Regierungschef Naoto Kan vor die Presse. Acht Kampfflugzeuge seien aufgestiegen, um Luftaufnahmen von der betroffenen Gegend zu machen. Er spricht von enormen Schäden. Vielerorts vollkommene Zerstörung, aus Tokio Bilder einer brennenden und explodierenden Raffinerie, infernalische Bilder. Japan unter Schock.

Truppen der Selbstverteidigungskräfte, wie die japanische Armee heißt, und Polizisten seien in die am schwersten betroffene Präfektur Miyagi unterwegs, um die Rettungsarbeiten zu unterstützen.

Die lokalen Rettungskräfte sind völlig überfordert. Bis zu 100.000 Soldaten werden in den nächsten Tagen an die Küste der Hauptinsel Honshu verlegt. Kan ruft die Bevölkerung auf, Ruhe zu bewahren.

Naoto Kan ist studierter Physiker, Patentanwalt und noch nicht einmal ein Jahr Premierminister. Er gehört der Demokratischen Partei Japans (DPJ) an, die 2009 einen historischen Wahlsieg über die seit fast 60 Jahren ununterbrochen regierende, konservative LDP errungen hatte. Die LDP war Japan, verantwortlich für den ökonomischen Aufstieg nach dem Zweiten Weltkrieg, aber auch für Korruption und die Verkrustung des politisch-ökonomisch-bürokratischen Systems. Politiker, Industrielle und Beamte machten Jahrzehnte gemeinsame Sache, mehr zum eigenen als zum Vorteil der Bevölkerung. Nach 20 Jahren Rezession und Stagnation waren es die Menschen leid und stimmten 2009 zum ersten Mal mit großer Mehrheit für eine Oppositionspartei. Die DPJ war angetreten, das Geflecht aus Politik, Wirtschaft und Verwaltung aufzubrechen, Japan zu erneuern. Doch nach knapp zehn Monaten muss der gewählte Premierminister Yukio Hatoyama wegen Parteispendenskandalen und gebrochener Wahlversprechen zurücktreten. Am 4. Juni 2010 wird Naoto Kan zu seinem Nachfolger gewählt. Seine wichtigste Aufgabe, sagt er, sei die Revitalisierung des Landes. Japan müsse seine dramatische Staatsverschuldung abbauen, mit über 200 Prozent des Bruttoinlandproduktes die höchste in der industrialisierten Welt.

Heute aber deutet sich an, dass daraus wohl so schnell nichts wird. Neben all den schlechten Nachrichten hat der Premierminister aber jetzt, gut zwei Stunden nach dem Beben, noch eine beruhigende parat: Die Lage in den Atomkraftwerken sei normal. Die Anlagen seien automatisch heruntergefahren worden. Am 20. Mai 2011 wird er vor dem Parlament einräumen, dass die Regierung die Öffentlichkeit „völlig falsch" über die sich entwickelnde Atomkatastrophe informiert habe. „Wir haben die falschen Angaben von Tepco, der Betreibergesellschaft, nicht aufdecken können", wird er sagen, und weiter: „Darüber bin ich zutiefst unglücklich".

Aber jetzt, am 11. März um 17 Uhr, scheint alles noch in Ordnung. Doch Fuyuko, Lilo und Toby glauben nicht so recht daran. Immer wieder hatte es in der Vergangenheit Erdbeben gegeben, und immer hieß es zunächst: alles in Ordnung mit den Atomkraftwerken. Oft stellte sich das aber als die Unwahrheit heraus. Zuletzt 2007, als das Atomkraftwerk Kashiwazaki-Kariwa, das ebenfalls Tepco gehört, von einem Beben der Stärke 6,6 erschüttert wurde. Es kam zu einem Transformatorbrand, der erst nach zwei Stunden gelöscht werden konnte. Radioaktivität sei nicht ausgetreten, ließ die Betreibergesellschaft Tepco damals zuerst mitteilen, musste diese Aussage aber später wieder zurücknehmen. Es seien doch größere Mengen Wasser aus dem Reaktor ausgetreten, wobei auch radioaktives Material mit ausgeschwemmt worden sei, räumte Tepco später ein.

„Wenn es um Atomkraft geht, dann wird in Japan viel gelogen“, meint Fuyuko. „Dass der Premierminister jetzt sagt, alles sei in Ordnung, muss überhaupt nichts bedeuten.“

Gegen 18:30 Uhr berichtet eine japanische Nachrichtenagentur, im Kernkraftwerk Onagawa sei ein Feuer ausgebrochen, in einem weiteren das Kühlsystem ausgefallen. Zum ersten Mal hören wir jetzt den Namen, der zum Symbol für die Unbeherrschbarkeit der Kernenergie werden soll – Fukushima.

Das Kernkraftwerk Fukushima 1 liegt etwa 240 Kilometer nördlich von Tokio an der Pazifikküste in der Präfektur Fukushima. Seine sechs Reaktorblöcke bringen es auf eine elektrische Leistung von weit über vier Gigawatt. Es ist eines der leistungsstärksten Atomkraftwerke in Japan und eines der ältesten. Ab 1971 wurde es von Tepco in Betrieb genommen. Der älteste Reaktorblock, Block 1, sollte eigentlich Ende März stillgelegt werden. Im Februar 2011 aber hatte die japanische Atomaufsicht die Laufzeit um zehn Jahre verlängert. Jetzt sollen große Teile des Kraftwerks unter Wasser stehen, zerstört sein durch Erdbeben und einen an dieser Stelle etwa 10 bis 14 Meter hohen Tsunami. Der sechs Meter hohe Tsunamischutzwall des Atomkraftwerks – überspült oder weggerissen.

Der Meldung, dass in Fukushima 1 das Kühlsystem ausgefallen sei, folgt kurz darauf das Dementi der Behörden. Das Kühlsystem sei intakt, es sei keine Radioaktivität ausgetreten. Wenig später lässt die Internationale Atomenergiebehörde IAEA verbreiten, die vier Kernkraftwerke, die dem Epizentrum am nächsten liegen, seien sicher abgeschaltet worden. Die Meldungen kommen im Minutentakt, sie widersprechen sich. Was ist wahr? Was Lüge? Was Propaganda oder Politik? Die Welt blickt ängstlich und verstört nach Japan. Genaue Informationen gibt es nicht. Lilo, Fuyuko, Toby und ich screenen alle Informationskanäle, die uns zur Verfügung stehen. Im Halbstundentakt sind wir auf Sendung. Die Menschen wollen wissen, was in Japan los ist, aber die Japaner wissen es ja offensichtlich selbst nicht. Vielleicht nur ein paar wenige, die aber einen Teufel tun werden, mit uns zu sprechen.

Um 20:30 Uhr tritt Regierungssekretär Yukio Edano vor die Kameras. Yukio Edano wird zu einem Gesicht der Katastrophe, weltberühmt und oft bespöttelt wegen seiner blauen Uniform, die ein bisschen an einen Science-Fiction-Film der 60er-Jahre erinnert und wohl vermitteln soll, dass die Regierung Schlips und Kragen abgelegt hat und zupackt.

Nach dem Hin und Her der vergangenen zwei Stunden bestätigt er jetzt, dass das Kühlsystem der Atomanlage Fukushima 1 ausgefallen ist, und dann verkündet er den nuklearen Notstand.

„Was hat er da gerade gesagt?", frage ich Fuyuko ungläubig.

„Die Regierung hat den nuklearen Notstand ausgerufen!"

„Nuklearer Notstand? Was heißt denn das? Was ist da los?"

„Reine Vorsichtsmaßnahme, meint Edano, es sei keine Radioaktivität ausgetreten. Reine Vorsichtsmaßnahme, sagt er zumindest."

Aus Fuyukos Tonfall höre ich heraus, dass sie nicht so recht daran glaubt. Ich auch nicht. Warum soll man einen nuklearen Notstand ausrufen, wenn es ihn nicht gibt? Scheiße! Das größte Erdbeben in der Geschichte Japans, ein Monster-Tsunami und jetzt auch noch der „nukleare Notstand". Verdammt, wir sind nur vier Leute hier im Büro!

„Lilo, Fuyuko! Wir brauchen Unterstützung, wir werden die nächsten Tage nicht schlafen. Wer kann uns helfen? Wir brauchen Leute, die sich hier auskennen, denen wir vertrauen können, dass sie Informationen richtig lesen und verstehen!"

Namen werden in die Runde geworfen.

„O.k. Bitte alle anrufen und fragen, ob sie kommen können."

In Deutschland steuern wir langsam auf die Hauptnachrichtenzeit zu. Schon seit den ersten Meldungen über das Beben gibt es neben den regulären Nachrichtensendungen fast im Stundentakt Sondersendungen. Und jetzt auch noch „nuklearer Notstand“. Die Telefone im Büro klingeln unaufhörlich. Irgendwann ist unser Krisenzentrum in Mainz am Apparat. Die „Grotte“, wie es intern heißt, koordiniert Einsätze in Kriegs- und Krisengebieten. Dort sitzen unsere Produktion, die Planung und die Chefs vom Dienst der Nachrichten- und Chefredaktion am Tisch. Im Moment haben sie alle Hände voll damit zu tun, die oft sehr gefährlichen Einsätze in Nordafrika zu organisieren – Teams, Logistik, Lebensmittel, Sicherheit und Absprachen mit den Korrespondenten vor Ort. Ralf Zimmermann von Siefart ist am Apparat, Chef vom Dienst der Nachrichtenredaktionen.

„Ich schalte mal laut. Elmar Thevessen (Stellvertretender Chefredakteur) ist hier, Yvette Gerner (CvD Chefredaktion) Marina Kunke (Planung) und Olaf Nossen von der Produktion. Wir haben euch übernommen. Was braucht ihr?“

„Wir werden Leute brauchen mit Equipment. Für eine solche Katastrophe ist unser Office hier nicht ausgerüstet.“

„Wir haben schon den Brase losgeschickt. Der fliegt jetzt irgendwann mit Team und Ausrüstung aus Nairobi los und kommt dann morgen Abend über Dubai in Tokio an.“

„Großartig!“

Jörg Brase ist ein alter Freund und Kollege. Sechs Jahre haben wir zusammen bei *Frontal 21* im gleichen Büro gesessen und gemeinsam viele schöne Geschichten gemacht. Jörg ist mit allen Wassern gewaschen. War im Irak, in Afghanistan, im Kosovo, hat Nerven wie Drahtseile, und man kann sich 100 Prozent auf ihn verlassen. Wir verstehen uns blind, was von unschätzbarem Wert in einer solchen Situation ist.

Kurz nach unserem Gespräch fordern die lokalen Behörden in Fukushima 2000 Menschen auf, sofort ihre Häuser rund um das Atomkraftwerk zu verlassen. Das Gebiet zwei

Kilometer im Umkreis der Atomanlage müsse evakuiert werden. Möglicherweise gebe es ein Leck an einem der Reaktoren, aus dem Radioaktivität austrete, berichtet eine japanische Nachrichtenagentur unter Berufung auf lokale Behörden. Aber nichts Genaues. Eine halbe Stunde später wird die Evakuierungszone auf drei Kilometer ausgeweitet, ein Kühlsystem sei ausgefallen, noch aber sei keine Radioaktivität ausgetreten. Von Minute zu Minute häufen sich die beängstigenden Nachrichten, ohne dass die Öffentlichkeit erfährt, was sich wirklich gerade in dem Atomkraftwerk abspielt. Kurz vor Mitternacht an diesem 11. März dann die Nachricht, dass das Notkühlsystem im Kernkraftwerk Fukushima 1 nur noch auf Batteriebetrieb laufen würde.

Die Batterien aber halten nicht besonders lange. Sollte auch das Notkühlsystem ausfallen, könnte es zur Kernschmelze kommen, zum Super-GAU, aber das sagt den Menschen in Japan zu diesem Zeitpunkt niemand.

Samstag, 12. März 2011

00:00–07:00 Uhr

Es ist Nacht und bitter kalt im Norden Japans. In den Bergen rund um Fukushima liegt Schnee. Ein eisiger Wind weht aus Westen über die Berge auf den Pazifik hinaus. Am Strand der durch den Tsunami schwer verwüsteten Stadt Sendai werden fast 300 Leichen gefunden. 350 Menschen werden zurzeit vermisst. Aber das sind nur Momentaufnahmen. Es ist wie immer bei solchen Katastrophen. Die Opferzahlen steigen zunächst langsam und dann immer schneller. Jeder, der die Bilder des Bebens und der Flutwelle am Nachmittag gesehen hat, weiß, dass es noch sehr viel mehr Tote zu beklagen geben wird. Die, die überlebt haben, sind jetzt auf der Flucht. Allein in Sendai werden 70.000 Menschen im Hinterland in Sicherheit gebracht. Fast 400.000 Menschen entlang der Küste suchen Zuflucht vor der bitteren Kälte. Die meisten haben alles verloren. Ihre Häuser sind zerstört oder einfach in den Pazifik hinaus gespült worden. Die ersten dramatischen Augenzeugenberichte machen die Runde, von einem Vater, der, völlig erschöpft, seine Tochter nicht festhalten konnte, als der Tsunami alles mitriss, auch sein Kind. Es sind Geschichten, die uns die Tränen in die Augen treiben. Für die Rettungskräfte wird die Operation zu einer enormen logistischen Herausforderung und zu einem Kampf gegen die Zeit. Denn bei dieser Kälte sinkt die Chance, unter den Trümmern Überlebende zu finden, von Minute zu Minute. Viele Straßen sind zerstört, kaum ein Durchkommen zu den am schwersten getroffenen Ortschaften an der Küste. Räumfahrzeuge der Armee kämpfen sich durch die Nacht. Auch von See her ist der Rettungsweg abgeschnitten. Fast alle Häfen sind zerstört. In den Hafenbecken liegen Autos, Busse, gesunkene Schiffe und Reste der Häuser, die der Tsunami mit hinaus aufs Meer nahm, als er sich wieder zurückzog. Die meisten Flughäfen sind geschlossen, auch der Bahnverkehr kommt in den betroffenen Regionen praktisch zum Erliegen. Im Hinterland füllen sich die Turnhallen, Rathäuser und Hotels mit Flüchtlingen. Aber 400.000 Menschen in kürzester Zeit unterzubringen und zu versorgen, überfordert selbst die drittgrößte Volkswirtschaft der Welt. Zwar gibt es in Japan regelmäßig Katastrophenschutzübungen, denn Erdbeben und auch Tsunamis gehören hier zum Leben dazu. Aber auf eine solche Wucht der Zerstörung war man ganz offensichtlich nicht vorbereitet. Und dann bahnt sich da auch noch eine Katastrophe an, die in ihren Konsequenzen noch sehr viel schlimmer werden könnte als Erdbeben und Tsunami zusammen. Jetzt sind es schon 6000 Menschen, die das Gebiet rund um das Atomkraftwerk Fukushima 1 verlassen müssen. Ein japanischer Fernsehsender berichtet, das Kühlwasser in einem der Reaktoren sei auf einen „beunruhigend“ niedrigen Stand gesunken.

Im Büro versuchen wir uns klar zu machen, wie ein Atomreaktor eigentlich funktioniert. Fuyuko telefoniert die ganze Zeit, spricht mit Experten, die sie im Laufe ihres langen Berufslebens kennengelernt hat. Toby, Lilo und ich durchforsten zwischen den ganzen Sendungen, die wir zu bedienen haben, das Internet. In den nächsten Tagen werden wir alle zu Amateur-Kerntechnikern. Aber wir haben keine Alternative. Wenn wir die wenigen Informationen, die wir bekommen, einigermaßen richtig einordnen wollen, dann müssen wir wissen, verstehen, wie so ein Atomkraftwerk funktioniert, wie ein Reaktor aufgebaut ist und welche Prozesse sich in ihm abspielen. Relativ schnell wird uns eines klar: Wenn die Kühlung ausfällt, verdampft das Wasser im Reaktor durch die Hitzeentwicklung der Brennstäbe. Es baut sich ein riesiger Druck auf, der den Reaktor und den Sicherheitsbehälter zu sprengen droht. Eine große Menge Radioaktivität würde in die Atmosphäre gelangen – der schlimmste anzunehmende Unfall, der Super-GAU.

Mein Gott! Was würde das für uns hier bedeuten? Für den Großraum Tokio? Hier leben 35 Millionen Menschen! O.k., alles hängt von der Windrichtung ab, wenn es zur Explosion kommen sollte.

„Toby, Lilo, Fuyuko – wir müssen die Windrichtung checken." Auch das noch. Als hätten wir nicht schon genug zu tun. Ich telefoniere mit der „Grotte". Von jetzt an werden wir aus Mainz kontinuierlich über die aktuellen Wind- und Wetterdaten in Japan informiert. Unsere Wetterredaktion und der Deutsche Wetterdienst sind eingeschaltet.

Das beruhigt. Darum müssen wir uns jetzt erst einmal nicht mehr kümmern. Aber was machen wir, wenn tatsächlich eine radioaktive Wolke Richtung Tokio ziehen sollte? Abhauen natürlich. Aber wohin? Der Flughafen Haneda liegt etwa 40 Minuten südlich von hier – wenn es keinen Stau gibt. Von Haneda aus gibt es jederzeit Flüge in den Süden Japans, aber auch einige internationale nach Hongkong, Taiwan oder China. Aber noch ist es ja nicht soweit. Vielleicht schaffen sie es ja, die Kühlung wieder in Gang zu bringen.

Nein, es sieht nicht gut aus. Jetzt heißt es, auch die Notstromversorgung in Fukushima 1 sei ausgefallen. Aber ohne Stromversorgung funktioniert nichts mehr, auch nicht die Sicherheitssysteme. Aber was sind diese Meldungen wirklich wert? Was können wir damit anfangen? Gegen ein Uhr nachts berichten japanische Medien, dass sich die Situation in Fukushima 1 bald wieder normalisieren werde, es sei ein Lastwagen mit Geräten eingetroffen, um das Problem zu beheben. Überall auf der Welt spekulieren gerade Experten, was wirklich los ist in Fukushima 1, sprechen von einer möglichen Kernschmelze, davon, dass es in Japan jederzeit zur Atomkatastrophe kommen könnte, und hier sprechen sie von einem Lastwagen, der das Problem lösen wird. Aber was das eigentliche Problem gerade ganz genau ist, weiß oder sagt zu diesem Zeitpunkt niemand.

Zwei Uhr nachts. Neue Meldung. In einem der Reaktoren steige der Druck und im Turbinenhaus die Radioaktivität. Die Betreiberfirma Tepco wolle Druck ablassen. Dabei könne es zur Freisetzung von Radioaktivität kommen.

Wir haben jetzt Unterstützung bekommen. Unser kleines Büro füllt sich. Mahito, Lilos Mann, ist da und Sonja Blaschke. Sonja ist freie Journalistin, schreibt für deutsche Zeitungen und spricht perfekt japanisch. Laufend neue Meldungen. Die Ereignisse überschlagen sich. Ein Wust an Informationen, und wir müssen uns einen Überblick verschaffen. In Deutschland dauernd Sondersendungen, die zu uns schalten. Nicht nur das ZDF, auch Phoenix, Arte, 3sat. Die Menschen blicken sehr besorgt nach Japan. Erst all die schrecklichen Bilder der Zerstörung und jetzt mitten in all dem Chaos auch noch eine sich anbahnende Atomkatastrophe. Vielen ist noch der Super-GAU in Tschernobyl in Erinnerung und was das selbst in Deutschland ausgelöst hat. Ich war damals in Frankfurt, als es hieß, eine radioaktive Wolke würde Richtung Westeuropa ziehen. Man sollte in den Häusern bleiben und die Fenster verschließen. Jahrelang durften wir keine Pilze essen oder Wild. Droht eine solche Katastrophe wieder? Wird es schlimmer? Aber es gibt einen Unterschied, der zum einen beruhigt, aber gleichzeitig zu einer sehr intensiven Beobachtung der Lage in Japan drängt. Japan ist kein verarmter ehemaliger Ostblockstaat. Japan ist die drittgrößte Volkswirtschaft der Welt – das Synonym für Hightech-Kapitalismus und perfekte Organisation. Als ich noch zur Schule ging, war Japan das ökonomisch-kulturelle Wunderland, an dem wir uns messen, von dem wir lernen sollten, um im internationalen Wettbewerb als starke Volkswirtschaft zu bestehen. Der

Erfolg von Toyota, Sony, Honda und den vielen anderen Firmen, die zum Symbol für Japans Aufstieg und seinen wirtschaftlichen Angriff auf die ökonomische Vormacht des Westens wurden, löste tiefes Unbehagen aus. Jetzt glauben viele, auch wir: Wenn es ein Land auf der Welt gibt, das mit einer solchen gewaltigen Dreifachkrise fertig wird, dann ist es Japan. Wenn Japan es nicht schafft, dann schafft es niemand. Wenn es Japan nicht schaffen sollte, eine Atomkatastrophe abzuwenden, dann schaffen wir es erst recht nicht.

Während die Welt gebannt auf Japan und die Atomkraftwerke blickt, spielt die atomare Krise in den japanischen Medien nahezu keine Rolle – noch nicht. Die Menschen stehen ganz unter dem Schock der grauenhaften Bilder der Verwüstung, die Erdbeben und Tsunami hinterlassen haben. Und dann sind da immer wieder die schweren Nachbeben. Die Fernsehmoderatoren tragen immer noch Schutzhelme während der Sendungen. Die angespannte Atmosphäre in der Nachrichtenredaktion von TBS, aus der wir häufig unsere Live-Schalten in die *heute Sendung* oder ins *heute journal* machen, wird ständig durch schrille Warntönte durchbrochen. Erdbeben. Manche Kollegen greifen unter den Tisch, setzen sich ihren Helm auf. Alle starren auf die Bildschirme, die das Epizentrum zeigen und die Stärke des Bebens angeben. Daneben läuft eine Uhr rückwärts, die anzeigt, wie lange es noch dauert, bis das Beben hier in Tokio einschlägt. Jetzt ein Erdbeben ein paar hundert Kilometer nordöstlich! Tsunami-Warnung. Als ich auf den Schirm blicke, sind es noch 27 Sekunden bis das Erdbeben Tokio erreicht haben soll. Wir zählen leise rückwärts, noch fünf, vier, drei, zwei, noch eine Sekunde, und da ist es. Erstaunlich, wie genau die Berechnungen sind. Der Boden bewegt sich, die Möbel beginnen zu wackeln, alle schauen sich um und vor allem nach oben. Stürzt etwas herab? Das Rütteln hört auf, nichts passiert. Zum Glück, wir müssen gleich auf Sendung. Mit jedem

Beben – und es sind in diesen Tagen sehr, sehr viele, die wir erleben – wächst meine Bewunderung für die japanische Bauingenieurskunst. Aber wie fühlen sich die Menschen da draußen in der kalten, dunklen Nacht entlang der Küste, ohne Licht, Strom und Heizung, wenn die Erde unter ihren Füßen wegzubrechen droht? Immer mit der Angst, dass möglicherweise schon der nächste Tsunami über das Meer heranrollt, den man jetzt noch nicht einmal sehen kann. Schrecklich, was die Menschen da gerade ausstehen müssen. Und dann noch die Atomkraftwerke, die schon durch das erste Beben so stark beschädigt wurden. Ein Beben, das, wie sich jetzt in der Nacht herausstellt, so stark war, dass es durch die Verschiebung der Erdmassen die Erdrotation beschleunigt hat.

06:40 Uhr Ortszeit: Die Internationale Atomenergie-Behörde IAEO gibt bekannt, dass sich Japan entschlossen habe, kontrolliert Druck aus einem der Reaktoren des beschädigten Atomkraftwerks Fukushima 1 abzulassen. Der freigesetzte Dampf werde nach Angaben der japanischen Behörden gefiltert, um die Radioaktivität in der Anlage zu halten.

06:49 Uhr: Die japanischen Behörden melden, dass die Radioaktivität in der Umgebung des Atomkraftwerks ansteige. Die Evakuierungen seien ausgeweitet worden.

06:54 Uhr: Die japanische Nachrichtenagentur Kyodo meldet, eine nicht näher spezifizierte Sicherheitskommission habe im Kontrollraum von Fukushima 1 eine tausendfach erhöhte Radioaktivität gemessen.

07:00 Uhr: Premierminister Kan warnt die Öffentlichkeit, dass Radioaktivität aus dem Kraftwerk entweichen könnte. Er fordert die Anwohner in einem Umkreis von zehn Kilometern um das Atomkraftwerk auf, ihre Häuser zu verlassen und sich in Sicherheit zu bringen. Außerhalb des Atomkraftwerks liege die Radioaktivität derzeit etwa um das Achtfache über dem Normalwert. 45.000 Menschen sind betroffen.

07:00–16:00 Uhr

Kurz nach sieben, wir sitzen in unserem kleinen Büro im 13. Stock etwa 240 Kilometer südlich von Fukushima 1 zusammen und diskutieren, was diese neue Entwicklung bedeutet – auch für uns. Wir sind uns schnell einig, dass es jetzt ernst wird. Wenn sie jetzt schon freiwillig Radioaktivität aus dem Reaktor entweichen lassen und 45.000 Menschen evakuiert werden müssen, dann doch nur, weil die Alternative noch viel schlimmer wäre.

Was sich zu diesem Zeitpunkt genau im Atomkraftwerk abspielt, wissen nur die, die vor Ort versuchen, das Schlimmste, den Super-GAU abzuwenden. Aus einer vorläufigen, noch immer unvollständigen Rekonstruktion der Ereignisse Wochen später wird klar, dass die Situation der Reaktoren in Fukushima 1 schon gleich nach dem Erdbeben sehr viel schlimmer war, als Regierung und Tepco der Öffentlichkeit glauben machen wollten:

Während des schweren Bebens fällt die externe Stromversorgung aus, der Reaktor wird auf Notstrombetrieb umgeschaltet. Die Dieselgeneratoren springen an, doch dann kommt der Tsunami und überschwemmt das Gelände. Die Notstromaggregate fallen auch aus. Jetzt schaltet die Anlage auf Batteriebetrieb um. Doch weil wohl auch die Batterien überschwemmt wurden, verlieren sie schnell an Leistung. Die allerletzte Chance, den Reaktor zu kühlen, ist, den heißen Dampf durch weiter oben liegende Wasserbehälter zu führen und ihn so abzukühlen. Aber das Wasser heizt sich schnell auf. Auch die letzte Chance ist vorbei. 19:00 Uhr: Die Regierung ruft den nuklearen Notstand aus. Mobile Notstromgeneratoren werden herbeigeschafft, aber die Kabel sind wohl zu kurz. Weil die Kühlung nicht mehr funktioniert, heizt sich auch das Kühlwasser, das die Brennelemente umspült, auf und verdampft. Der Druck im Reaktorkern wächst durch das verdampfende Wasser, während gleichzeitig der Wasserstand sinkt. Die Brennelemente werden immer weniger gekühlt, liegen teilweise trocken und beginnen sich zu zersetzen. Die Kernschmelze beginnt. Seit neun Uhr abends spielen Tepco und die japanischen Behörden Szenarien für eine kontrollierte Druckentlastung durch, versuchen abzuschätzen, wie viel Radioaktivität bei einer solchen Druckentlastung in die nähere Umgebung abgegeben werden würde. Der Wind steht in dieser Nacht günstig, bläst aufs Meer hinaus. Tepco und die Behörden gehen noch davon aus, dass die Brennstäbe voll im Wasser stehen. Aber die Kontrollgeräte sind durch Beben, Tsunami und die Vorgänge im Reaktor entweder zerstört oder liefern angeblich falsche Daten, so wie der Wasserstandsmesser. Die japanische Atomaufsicht NISA und Tepco treffen ihre Entscheidungen jetzt wohl aufgrund falscher Daten. Um ein Uhr nachts liegt der Druck im Sicherheitsbehälter angeblich schon bei 600 Kilopascal. Der zulässige Höchstdruck aber sind 400 Kilopascal. Die Gefahr, dass der Sicherheitsbehälter explodiert, steigt. Der Druck im Inneren nimmt immer weiter zu, fällt dann aber wieder ein bisschen ab, wohl weil der Dampf zusammen mit dem durch die chemischen Prozesse im Reaktorkern entstandenen Wasserstoff durch eine überforderte Dichtung in das Reaktorgebäude entweicht. Die Radioaktivität im Reaktorgebäude erhöht sich um das 1000-Fache. Das Wasser im Reaktordruckbehälter ist jetzt wahrscheinlich vollständig verdampft. Die Brennelemente liegen vollkommen frei und beginnen bei 2800 Grad komplett zu schmelzen. Die Druckentlastung aber funktioniert zunächst nicht so recht, weil die für solche Fälle vorgesehenen elektrischen Ventile keinen Strom haben. Die Ventile müssen jetzt per Hand geöffnet werden, aber im Reaktorgebäude herrscht völlige Dunkelheit, die Arbeiten kommen nur sehr langsam voran. Um 6:50 Uhr weist die japanische

Atomaufsicht Tepco an, Dampf aus dem Sicherheitsbehälter in die Umgebung abzulassen. Zehn Minuten später ruft der Premierminister die Bürger in einem Umkreis von zehn Kilometern zum Verlassen ihrer Häuser auf. Dass es zu diesem Zeitpunkt schon in drei Reaktoren zur Kernschmelze gekommen ist, davon erfährt die Öffentlichkeit, erfährt die Welt erst Ende Mai.

Während wir noch diskutieren, die nächste Eilmeldung. „Nuklearer Notstand in weiterem Atomkraftwerk." In der Anlage Fukushima 2, die etwa zwölf Kilometer nördlich von Fukushima 1 liegt, soll ebenfalls das Kühlsystem ausgefallen sein. Drei Reaktoren seien betroffen. Eine gute halbe Stunde später ordnet die Regierung auch hier die Evakuierung in einem Umkreis von zunächst drei Kilometern an.

Premierminister Kan fliegt mit dem Hubschrauber in das Katastrophengebiet, um sich persönlich einen Überblick über die Lage zu verschaffen. Später heißt es, sein Flug über die Region sei möglicherweise der Grund dafür gewesen, dass sich die notwendige Druckentlastung in Reaktorblock 1 verzögert habe. Möglicherweise habe man den Premierminister keiner radioaktiven Wolke aussetzen wollen. Meine Kollegen und ich haben seit mehr als 24 Stunden nicht geschlafen. Wir spüren die Angst jetzt noch sehr viel intensiver, die uns bei jedem Nachbeben durchzuckt. Wir müssen die Ruhe bewahren.

„Lasst uns durchspielen, was passiert, wenn in größeren Mengen Radioaktivität austritt."

„Wenn das explosionsartig passiert, dann wird der ganze Dreck hoch in den Himmel geschleudert, dann haben wir eine radioaktive Wolke wie in Tschernobyl, die sich mit dem Wind weiterbewegt", meint Toby.

„Was machen wir, wenn die Wolke Richtung Tokio zieht? Was machen wir, wenn Panik ausbricht?"

Wir müssen rechtzeitig weg, müssen die Situation einfach genau beobachten, den Wind, die Wettervorhersage.

Wir beschließen aber für alle Fälle, dass Lilo losgeht und Jodtabletten kauft für den Ernstfall, für den Fall, dass wir nicht rechtzeitig wegkommen. Während unserer Recherchen in der Nacht sind wir immer wieder auf das radioaktive Isotop Jod 131 gestoßen. Jod 131 ist in großen Mengen während der Reaktorkatastrophe in Tschernobyl ausgetreten. Es sammelt sich in der Schilddrüse an und ist hoch krebserregend. Wichtige Vorbeugung ist, rechtzeitig Jodtabletten einzunehmen, damit die Orte in der Schilddrüse, an denen das Jod 131 andocken könnte, schon besetzt sind. Allerdings sollte man es auch nicht zu früh einnehmen, weil das schwere Nebenwirkung haben könnte. Man muss den Zeitraum genau abpassen. Aber besser, wir haben die Tabletten schon einmal hier. Mit welchen Fragen wir uns hier beschäftigen müssen, denke ich. Als Lilo zurückkommt, hat sie eine große Tüte mit getrockneten Seegrasplättchen dabei.

„Was ist das denn, Lilo? Hast du die Tabletten?"

„Es gibt keine Tabletten. Die Frau in der Apotheke meinte, sie könnte uns keine geben, ich sollte doch jodhaltiges Seegras kaufen. Davon müsste man zwar einiges essen, aber es würde auch sehr viel besser schmecken."

Seegras gegen radioaktive Teilchen. Ob das wirklich hilft im Notfall? Jeder von uns schnappt sich ein paar Packungen. Den ganzen Tag über mümmeln wir diese salzigen, nach Meer schmeckenden getrockneten Plättchen. Es beruhigt uns – vorläufig.

Gegen 13 Uhr meldet Tepco, dass aus Reaktorblock 1 geringe Mengen Radioaktivität ausgetreten seien, die Brennstäbe in dem Reaktor seien wahrscheinlich aufgrund des sinkenden Wasserstands beschädigt worden. Und die japanische Atomaufsicht warnt, dass möglicherweise eine Kernschmelze begonnen habe. Um 14:30 Uhr meldet Tepco dann, es habe eine effektive und erfolgreiche Druckentlastung gegeben. Das soll sich positiv anhören. Doch zwanzig

Minuten später wird erstmals rund um den Reaktorblock 1 hoch radioaktives Cäsium nachgewiesen. Noch mal eine halbe Stunde später wird an der Geländegrenze eine Strahlung von einem Millisievert gemessen. Der Grenzwert liegt bei 0,5 Millisievert. Dabei wird es nicht bleiben.

Es ist jetzt Tag zwei der Katastrophe, etwa 24 Stunden nachdem die Monsterwelle große Teile der japanischen Nordostküste zerstört hat, 24 Stunden nachdem die Atom-Krise in Fukushima 1 begann. Aus der Krise wird um 15:36 Uhr endgültig eine Katastrophe. Nach Erdbeben und Tsunami die dritte, die das Land bewältigen muss, und mit ihren Folgen möglicherweise die schwierigste: Mit enormer Wucht zerreißt eine Wasserstoffexplosion das Dach und Teile des Reaktorgebäudes. Fernsehbilder, die etwas später ausgestrahlt werden, zeigen eine weiße Wolke, die über dem Reaktor aufsteigt – eine radioaktive Wolke. Zunächst hatte die japanische Atomaufsicht eine Explosion im Atomkraftwerk Fukushima 1 dementiert. Bis heute spricht sie in ihrer offiziellen Darstellung nur von einem Explosionsgeräusch. Eine der vielen Merkwürdigkeiten der offiziellen Informationspolitik. Doch jetzt, wo es die Fernsehbilder gibt, ist die Sache völlig klar, hilft auch kein Verharmlosen mehr.

16:00–00:00 Uhr

Eine radioaktive Wolke über Japan, das ist das Horrorszenario, über das wir immer wieder diskutiert hatten.

„Weiß jemand, wie der Wind steht?“

Ich checke die Daten des Deutschen Wetterdienstes, Toby recherchiert gegen auf amerikanischen, Fuyuko auf japanischen Wetterseiten. Japan, Tokio, wir scheinen noch mal Glück gehabt zu haben. Der Wind bläst leicht aus westlicher Richtung auf das Meer hinaus. Aber dennoch. Seit gestern hatte die japanische Regierung, hatte die Betreibergesellschaft Tepco immer wieder das Gefühl vermitteln wollen, dass man das Problem schon irgendwie in den Griff bekommen werde. Und jetzt explodiert ein Reaktorgebäude. Wir hatten den Beschwichtigungsversuchen zwar nie so recht geglaubt, aber dass es so schlimm ist, schockiert uns alle. Sie scheinen da überhaupt nichts im Griff zu haben. Japan, eine der am höchsten entwickelten Gesellschaften dieser Welt, das Hightechland. Mein Gott. Was kommt da noch auf uns zu? Die Behörden melden, vier Arbeiter seien durch die Explosion verletzt worden, einer habe Strahlenschäden erlitten. Die Evakuierungszone wird von zehn auf 20 Kilometer ausgeweitet. Die Ausgabe von Jodtabletten wird vorbereitet. Gleichzeitig teilt die japanische Atomaufsicht mit, dass man schwere Schäden an der Reaktorhülle für unwahrscheinlich halte. Was ist das für eine Information, denken wir uns. Eigentlich gar keine, denn wenn sie es nur für unwahrscheinlich halten, dann wissen sie nicht, was wirklich los ist. Oder sie wissen, was los ist, und sagen es lieber nicht, dann ist es richtig schlimm. Und haben wir da gerade nicht Dach und Teile des Gebäudes explodieren sehen? Dach und Außenwände eines Atomreaktors? Was verstehen die denn unter schweren Schäden?

Die japanische Öffentlichkeit weiß immer noch nicht, was sich in den Atomkraftwerken wirklich abspielt, die Welt blickt immer nervöser auf diese Insel im Fernen Osten. Die Internationale Atomenergiebehörde IAEO stuft die Situation im Kraftwerk Fukushima 1 aufgrund der Angaben, die sie aus Japan erhält, jetzt auf ihrer INES-Skala als Unfall der Stufe 4 ein. Die erste von drei „Unfallstufen". Das Unglück in „Three Mile Island" 1979 wurde als 5 eingestuft. Damals kam es im Atomkraftwerk bei Harrisburg in den USA zu einer teilweisen Kernschmelze. Für Tschernobyl 1986 wurde eine neue Stufe hinzugefügt: „Katastrophaler Unfall".

32 Menschen sterben nach der Explosion des Reaktors sofort, viele Tausend später an den Spätfolgen der Verstrahlung. Mehr als 100.000 Menschen müssen umgesiedelt werden.

Hier in Fukushima sind es bislang vier Verletzte, am späten Abend meldet eine Nachrichtenagentur, drei Menschen, die sich in einem Umkreis von drei Kilometern befunden hätten, seien verstrahlt worden. Das klingt nicht nach Tschernobyl, aber gut klingt es auch nicht.

Das deutsche Außenministerium gibt jetzt eine Reisewarnung für den Norden Japans heraus. Außenminister Westerwelle rät generell von allen Reisen nach Japan ab. Deutsche, die sich in der Nähe von Fukushima, aber auch in den Ballungszentren Tokio und Yokohama befinden, sollen eine Ausreise prüfen.

Ausreise prüfen? Nein, wir müssen hier bleiben – vorerst. Das ist unser Job, aber ein ungutes Gefühl macht sich in uns breit. Warum sagt der das jetzt? Wissen die mehr? O.k. Wir planen jetzt für den absoluten Notfall. Ich spreche mit der „Grotte“ in Mainz. Schnell sind wir uns einig, dass wir uns aus Tokio wegbewegen müssen, sollte die Situation eskalieren. Wir spielen verschiedene Szenarien durch. Schließlich entscheiden wir uns, von morgen Vormittag an für alle Kollegen Flüge nach Osaka zu buchen. Umbuchbare Flüge, dreimal am Tag, morgens, mittags und abends. Viele deutsche Unternehmen, erfahren wir, seien schon dabei, ihre Mitarbeiter und Angehörigen auszufliegen. Die Nervosität steigt. Und dann steht auf einmal Jörg Brase mit seinem Team aus Afrika in der Tür. Mehrere Stunden hat er vom Flughafen Narita aus durch die Stadt gebraucht. Weil Züge und U-Bahnen wegen des Erdbebens nicht fahren, steigen die Leute auf ihre Autos um. Jörg und sein Team sehen müde aus. Langer Flug aus Nairobi. Als erstes gibt es ein paar jodhaltige Seetangplättchen. Jörg würde am liebsten gleich morgen weiterfahren in den Norden. Aber im Flugzeug hat er nicht mitbekommen, was sich da gerade rund um die Atomkraftwerke abspielt.

Während wir die Lage und die weiteren Pläne diskutieren, beginnen die Tepco-Leute in Fukushima mit Borsäure versetztes Meerwasser in den Reaktor einzuleiten. Die Borsäure soll die Kettenreaktion zumindest verlangsamen, heißt es. Das Meerwasser soll kühlen. Die gute Nachricht scheint zu sein, dass der Reaktor nicht vollständig zerstört ist. Die schlechte: Tepco hat aufgehört, den Reaktor „retten" zu wollen. Denn salziges Meerwasser wird den Reaktor irreparabel beschädigen. Eine letzte Verzweiflungstat, so sieht es aus, um den Super-GAU doch noch zu verhindern. Die Kühlaktion muss aber wegen eines schweren Nachbebens für längere Zeit unterbrochen werden. Die Situation im Atomkraftwerk Fukushima 1 ist immer schwerer zu kontrollieren.

Sonntag, 13. März 2011

NACH DEM *heute journal* endlich ein bisschen Schlaf. Die Zeitverschiebung von acht Stunden macht dem ganzen Team schwer zu schaffen. Die Sendung hat um 22:15 Uhr deutscher Zeit begonnen, in Japan ist es morgens Viertel nach sechs. Wenn wir auch noch die letzte Nachrichtensendung, die *heute nacht* bedienen, ist es zwischen acht und halb neun. Keine *heute nacht* heute. Und zum Glück haben wir in der kommenden Woche kein *Morgenmagazin*. Nächste Woche ist die ARD dran. ZDF und ARD wechseln sich im Wochenrhythmus ab. Das *Morgenmagazin* beginnt um fünf Uhr dreißig deutscher Zeit. Hier ist es dann halb zwei Uhr mittags, der Tag, der Informationsfluss voll im Gange. An Schlaf ist also nicht zu denken. Aber heute ist Sonntag. Gegen 8:00 Uhr legen wir uns alle ein paar Stunden hin. Der erste Schlaf seit zwei Tagen. Ich liege gerade im Bett, als das Bett zu zittern beginnt. Erdbeben! Ich springe aus dem Bett, verdammt, ich kann nicht mehr, ich will schlafen. Wie soll ich die nächste Zeit durchhalten, wenn ich nicht schlafe? Das Haus beginnt zu wackeln. Anziehen und raus. Oder? Nein, das Haus wird schon halten. Ich muss schlafen. Erdbeben hin oder her. Wenn ich wegen jedem Beben aus dem Bett springe, kollabiere ich wahrscheinlich irgendwann. Leg dich wieder hin, hab Vertrauen in die Erdbebensicherheit japanischer Häuser, sage ich mir. Es wird schon alles gut gehen. Und wenn nicht? Nicht dran denken! Ich leg mich wieder hin. Das Nachbeben ist vorbei, war nicht so stark. Ich schließe die Augen, fühle mich wie auf einem schwankenden Schiff. Aber das ist nur Einbildung. Die Psyche spielt mir einen Streich.

Gerade mal zwei Stunden habe ich, schlafe wie unter Vollnarkose. Dann rumst es wieder richtig. Sofort bin ich wach. Seit dem ersten Beben am Freitag hat sich in mir etwas verändert. Mein Körper hat sich ein neues Alarmsystem installiert. Jede ungewöhnliche Bewegung wird registriert. Jetzt schießt eine gehörige Dosis Adrenalin durch meinen Körper, weckt mich, nein, treibt mich aus dem Koma. Das Herz rast. O.k. Es soll nicht sein. Ich bin hell wach und auf der Hut. Es ist etwa halb elf. Ein schweres Nachbeben erschüttert Tokio. Anziehen, raus! Wohin? Was solls, ich geh mal Richtung Büro. Die Straßen sind wie leer gefegt. Der Haupteingang unseres Bürogebäudes ist verschlossen, so wie an jedem Wochenende. Ich muss durch den Hintereingang. Aber etwas ist anders. Es liegen Sandsäcke vor der Tür. Ich schaue durch die riesigen Glasscheiben. Das Foyer ist zum Schlafsaal umfunktioniert worden. Ein- vielleicht zweihundert Leute liegen in goldene Wärmefolie eingewickelt auf dem Boden, manche sitzen auf Stühlen, Sofas. Das Foyer ist eine Art Schlafsaal geworden für die Mitarbeiter des Fernsehsenders TBS. Klar, Züge und U-Bahnen fahren wegen des schweren Bebens vom Freitag nicht. Taxis sind zu teuer, so wie die Hotels, wenn sie nicht sowieso ausgebucht sind. Die meisten Angestellten hier in Tokio wohnen außerhalb, müssen jeden Tag ein bis zwei Stunden mit der Bahn pendeln. In der Stadt zu wohnen, kann sich kaum jemand leisten. Eine günstige Mietwohnung hier im Stadtgebiet kostet so zwischen 30 und 45 Euro pro Quadratmeter plus Nebenkosten. Parkplätze gibt es praktisch nicht und wenn, dann kosten sie fast so viel wie eine kleine Mietwohnung in Berlin, umgerechnet so zwischen 300 und 600 Euro. Also bleibt nur der Zug. Und der fährt jetzt nicht.

Im Gebäude Frühsport. Die Fahrstühle im Gebäude stehen wegen des schweren Nachbebens gerade mal wieder still, mal wieder 13 Stockwerke laufen. Aber gut, so ist es halt.

Im Büro schau ich erstmal, was in den vergangenen drei Stunden passiert ist. Fuyuko ist schon oder schon wieder da.

„Gibt es etwas Neues?"

„Ja. 200.000 Menschen mussten rund um die Atomkraftwerke Fukushima 1 und 2 evakuiert werden. Mindestens 19 Menschen sollen rund um Fukushima 1 verstrahlt worden sein. Und dann ist dort wohl auch noch in Reaktor 3 die Kühlung ausgefallen. Sie planen da jetzt auch, radioaktiven Dampf abzulassen. Und in der Provinz Miyagi nördlich von Fukushima steigt die Strahlung. Sie haben da eine 400-fach erhöhte Strahlung gemessen. Es sieht alles nicht gut aus."

Kämpfe mich durch die Meldungen des Morgens.

Der amerikanische Flugzeugträger „USS Ronald Reagan" ist vor der japanischen Küste eingetroffen. Japan hatte darum gebeten, seine Rettungshubschrauber auf dem Flugzeugträger auftanken zu dürfen. Auch amerikanische Hubschrauber helfen jetzt bei der Bergung an der zerstörten Küste. Am Flughafen München kommen die ersten Rückkehrer aus Japan an, die vor der Katastrophe geflohen sind. Die Deutsche Schule Tokio Yokohama teilt mit, der Unterricht „würde aufgrund der schwer einzuschätzenden Informationslage und der damit unkalkulierbaren Sicherheitsrisiken" die kommenden Wochen ausfallen. 41 deutsche Katastrophenhelfer vom THW sind in Tokio gelandet, wollen bei der Rettung in der zerstörten Tsunami-Region helfen. Von japanischen Kollegen hören wir, dass die Regierung gar nicht so begeistert sei, dass immer mehr Rettungsteams aus dem Ausland kämen. Zwar sei man dankbar für die Hilfe, aber diese Teams seien auch eine Belastung. Sie müssten koordiniert werden und keiner würde japanisch sprechen. Eine zusätzliche Belastung für die eigenen Rettungskräfte. Bei manchen Rettungsteams hat man das Gefühl, dass es eher um ein politisches Statement geht als um Hilfe. In roten Arbeitsanzügen, die rote Fahne vorweg, marschiert das chinesische Hilfsteam regelrecht ein. Sie sind stolz hier zu sein, beim großen starken Rivalen in Asien, der jetzt Hilfe braucht. Es ist ihr erster Auslandseinsatz. Die Gewichte verschieben sich in Asien. Das ist die Botschaft.

Japan ist am Boden, so sieht es momentan aus. Die Regierung warnt wegen der Situation in den Atomkraftwerken vor Stromknappheit. Schon gestern hatte Tepco die Privathaushalte zum Stromsparen aufgerufen. Heute fordert Japans Industrieminister vor allem die Unternehmen auf, ihren Stromverbrauch auf das „strikte Minimum“ zu reduzieren. Tepco werde die von ihm versorgten Bereiche in fünf Abschnitte aufteilen und nach dem Rotationsprinzip jeweils drei Stunden vom Netz nehmen. Elf von insgesamt 50 Atomreaktoren sind nach dem schweren Beben jetzt abgeschaltet. Knapp 30 Prozent der Energie werden in Japan von Atomkraftwerken erzeugt. Japans Wirtschaft ist abhängig vom Atomstrom. Jetzt, wo so viele Reaktoren stillstehen, bittet die japanische Regierung Russland um zusätzliche Gaslieferungen.

Yukio Edano, der Regierungssprecher, der Mann, der die schlechten Nachrichten überbringen muss und sie gleichzeitig nicht so schlimm klingen lassen soll, schreckt uns plötzlich alle auf. In einem knappen Pressestatement erklärt er, dass im Reaktor 3 möglicherweise eine Kernschmelze begonnen habe und dass man aufgrund einer Wasserstoffansammlung im Bereich des Reaktors 3 eine weitere Explosion nicht ausschließen könne. Sollte dieses Ereignis eintreten, würde dies aber „kein Problem“ für den Reaktor bedeuten.

Ja, für wie blöd halten die uns denn eigentlich? Jetzt tun sie schon so, als sei eine Kernschmelze und eine Wasserstoffexplosion in einem Kernkraftwerk nur so etwas wie ein kleiner, unbedeutender Zwischenfall. Da stimmt etwas überhaupt nicht mehr. Da gerät gerade alles aus den Fugen.

Kurz darauf geht der Premierminister vor die Presse. Auch er versucht, die Balance zwischen schlechten und guten Nachrichten zu halten. Er sagt, die Erdbebenkatastrophe sei für Japan die größte Krise seit dem Zweiten Weltkrieg.

Aber die Probleme in den japanischen Atomkraftwerken könne man nicht mit Tschernobyl vergleichen.

Warum eigentlich nicht, fragen wir uns im Büro. Ja, es ist noch kein Reaktorkern explodiert, aber können sie es denn ausschließen, dass es noch so weit kommt? Dazu sagt der Premier überhaupt nichts, auch nicht dazu, wie die Situation denn nun wirklich ist. Das ist doch alles Augenwischerei. Sie wollen uns nicht die Wahrheit sagen, ist die allgemeine Meinung im Büro. Inzwischen sind alle wieder an Bord. Wahrscheinlich haben sie Angst, es könnte hier im Raum Tokio zur Massenpanik kommen, wenn sie den Menschen erzählen, wie es wirklich um die Reaktoren steht.

Mainz, die „Grotte", ist wegen der unklaren Lage in Fukushima inzwischen dazu übergegangen, für das ganze Team auch Flüge aus Japan raus zu buchen. Wir stellen jetzt allen Mitarbeiten frei zu bleiben. Wem die Lage zu gefährlich ist, wer Angst hat, kann das Land jederzeit verlassen. Wir sitzen alle zusammen, versuchen uns klar zu werden, wie wir weitermachen sollen, wollen. Der psychische Druck, unter dem wir alle stehen, macht sich jetzt bemerkbar. Erdbeben und Tsunami sei das eine, meint eine Kollegin, die aus Afrika angereist ist, aber radioaktive Strahlung? „Wir wissen doch überhaupt nicht, was da los ist", sagt ein anderer. Langsam frisst sich die Angst in uns hinein, die Angst, es möglicherweise nicht mehr rechtzeitig zu schaffen, bevor es zum Schlimmsten kommt. Wann ist der Punkt gekommen zu gehen? Andererseits ist es unser Job, die Öffentlichkeit in Deutschland so lange wie möglich aus und über Japan zu informieren. Wir sind alle relativ ratlos. Ohne echte Information bleibt nur eine Gefühlsentscheidung. Für mich ist klar, dass ich noch nicht gehen werde. Ich kann und will mein Team nicht alleine zurücklassen, auch wenn ich immer unruhiger werde. Ich habe zwei Kinder und eine wunderbare Frau. Die will ich wiedersehen, und zwar unverstrahlt. Tausend Gedanken schießen mir durch den Kopf. Ich sehe, wie wir alle zusammen morgens im Bett liegen und miteinander quatschen. Wie wir gemeinsam Frühstück machen. Mit Julian Fußballspielen auf der Wiese. Julie am Klavier. Ich sehe, wie sie älter werden. Ihr eigenes Leben anfangen zu leben. Enkelkinder. Der Kreislauf des Lebens.

Ich werde hier verdammt aufpassen. Ich will sie wiedersehen und zwar gesund. Ich will noch lange bei ihnen bleiben. Sie brauchen mich noch, sind noch viel zu klein, um ohne mich auszukommen. Ich will ein guter Vater sein, ein guter Großvater. Und dann habe ich auch noch die Verantwortung für meine Leute hier. Die haben auch alle Familien, Kinder. Wir werden hier keinen Mist machen.

Der ruhigste von uns ist Jörg Brase. Er möchte in den Norden, berichten, am liebsten sofort. Aber es gibt da mehrere Probleme. Erstens sind die Straßen Richtung Norden teilweise zerstört oder gesperrt und nur für Rettungsfahrzeuge geöffnet. Zweitens führt die Autobahn nur in etwa 50 Kilometer Abstand am Atomkraftwerk vorbei. Die Sperrzone liegt jetzt aber schon bei zwanzig Kilometern. Was, wenn der zweite Reaktor explodiert und es, anders als die Regierung verlauten lässt, doch Probleme gibt? Dann hängt es von der Windrichtung ab. Dann wird die Sperrzone vielleicht erweitert und wir stecken mittendrin fest. Außerdem, wie sieht es mit Benzin aus? Im Moment heißt es, es gäbe kein Benzin mehr da oben oder es sei rationiert. Das würde bedeuten, wir kämen vielleicht hinein, aber nicht wieder hinaus. Auch keine gute Aussicht. Hubschrauber, das ist eine Idee. Wir diskutieren das mit der „Grotte“. Wenn wir einen Hubschrauber finden, machen wir das. Fuyuko setzt sich ans Telefon und findet eine Firma, die uns hochfliegen würde. Aber die Hubschraubervermietung sagt auch, dass der Hubschrauber landen müsse, um für den Rückflug zu tanken. Der Flughafen dort oben läge etwa 40 Kilometer nordwestlich des Atomkraftwerkes. Der Wind steht noch aufs Meer hinaus. Das könnte also klappen. Vom Flughafen müssten wir dann aber mit dem Auto weiter Richtung Küste. Das heißt, wir müssen einen Fahrer finden. Und was, wenn tatsächlich der nächste Reaktor in die Luft fliegt? Und zwar richtig? Wer weiß, ob der Pilot dann noch auf uns wartet, oder sich nicht doch lieber dafür entscheidet, sich selbst in Sicherheit zu bringen. Nein, das sind alles zu viele Variablen, die wir nicht wirklich kalkulieren können. Wir haben zu wenig Informationen, um das Risiko wirklich einschätzen zu können. Solche Aktionen müssen sehr gut vorbereitet werden, wenn man sich nicht auf einmal in einer gefährlichen Situation wiederfinden will, die man zudem ganz einfach hätte vermeiden können. Wir haben hier zum Beispiel keine Geigerzähler, die uns warnen könnten, wenn da oben die Strahlung steigt. Wir haben keine Schutzausrüstung, keine Jodtabletten. Die Frage wäre dann sowieso noch, wer mitkommen würde. Wahrscheinlich müssten wir da oben nicht nur drehen, sondern die Stücke auch schneiden und dann per Satellitentelefon nach Deutschland überspielen. Dafür brauchen wir aber Kollegen, die mitkommen. Jörg würde fahren, aber alleine? Die Kollegen fühlen sich in der momentanen Situation nicht besonders wohl bei dem Gedanken, in den Norden zu fahren. Nein, wir lassen es erst einmal. Und um uns mit dem Gedanken überhaupt weiter beschäftigen zu können, fehlt uns im Moment außerdem schlicht die Zeit. Der Informationsdurst in Deutschland wird immer größer. Immer mehr Sendungen. Atemlos.

Zwischendurch mal eine gute Nachricht. Ein sechzig Jahre alter Mann, heißt es, sei jetzt, zwei Tage nach dem Tsunami, auf seinem Haus gefunden worden. Nicht irgendwo, nein, 15 Kilometer vor der Küste. Der Tsunami habe sein Haus mitgerissen und aufs Meer hinausgenommen, in den um diese Jahreszeit eisigen Pazifik. Er habe sich aufs Dach geflüchtet, sich daran festgehalten. Eine Geschichte, die man kaum glauben kann, die an ein Wunder grenzt. Aber viele japanische Häuser sind aus Holz gebaut, der Erdbeben wegen. Dennoch muss es der liebe Gott schon sehr gut mit ihm gemeint haben. Denn die meisten Häuser, die der Tsunami traf, wurden durch die Riesenwelle zu Kleinholz verarbeitet. Solche Geschichten, die an Wunder grenzen, gibt es immer in solchen Katastrophen: Das Baby, das nach vier Wochen lebend unter Trümmern hervorgezogen wird, der Junge, der leblos auf dem Grund eines eisigen Sees liegt, nach zwei Stunden gefunden und zum Leben erweckt wird. Ich frage mich immer, ob solche Geschichten wirklich stimmen, oder ob sie, wenn man so will, gebraucht werden, um den Menschen in der Katastrophe Hoffnung zu geben. Ich beobachte mich jedenfalls dabei, wie mir die Geschichte von dem alten Mann auf dem Dach seines Hauses im Meer, 15 Kilometer von der Küste entfernt, ein bisschen Mut macht. Es ist nicht alles verloren, auch wenn es ganz schlecht aussieht. Mit mehr als 10.000 Toten rechnen die Behörden mittlerweile, wahrscheinlich werden es aber noch deutlich mehr.

Jetzt ist es zehn Uhr abends, wieder tritt Edano mit seiner blauen Science-Fiction-Uniform vor die Presse, und er relativiert seine Aussagen von vor ein paar Stunden. Es habe im Reaktor 3 keine Kernschmelze stattgefunden, sagt er. Zwar überstiegen die Strahlungswerte am Atomkraftwerk die zugelassenen Werte, aber es bestünde keine Gefahr für die Gesundheit der Bevölkerung. Es wird für uns jetzt immer offensichtlicher, dass sie uns etwas verheimlichen. Sie spielen die ganze Sache runter. Das ist alles viel zu offensichtlich. Wir haben zwar ein explodiertes Reaktorgebäude, es könnte auch noch ein zweites explodieren und die Strahlungswerte übersteigen die zugelassenen Grenzwerte, aber alles nicht so schlimm. Völlig klar, glauben wir aufs Wort.

Besonders unseriös aber scheint es uns in diesem Moment, dass Edano seine Aussage zur möglichen Kernschmelze relativiert. Es geht verdammt noch mal um eine der größten nuklearen Katastrophen überhaupt, um einen Super-GAU, und die erzählen uns jede Stunde etwas anderes. Was ist denn da los? Wissen die denn gar nichts?

Heute wissen wir, dass die Kernschmelze in den Reaktorblöcken 1, 2 und 3 zu diesem Zeitpunkt längst stattgefunden hatte, gleich nach dem Beben, dass eine tonnenschwere, 2800 Grad heiße Masse sich durch die Sicherheitsbehälter der Reaktorkerne zu fressen drohte, mit der Gefahr einer extremen radioaktiven Verseuchung der Umwelt. Armageddon. Aber jetzt wird alles heruntergespielt. Die Regierung verlässt sich bei ihren Aussagen zum größten Teil auf Aussagen, die sie von Tepco erhält, auch das stellt sich später heraus.

Aber jetzt, am 13. März um 22:00 Uhr, ist die Situation für uns völlig unübersichtlich. Nur eines wissen wir mit Sicherheit: Die Lage ist sehr viel schlimmer, als Regierung und Tepco uns weismachen wollen. Das sagt uns unser Bauchgefühl. Und mitten herein platzt die Meldung der IAEO, dass die japanischen Behörden den nuklearen Notstand für ein weiteres Atomkraftwerk ausgerufen haben. Im Kraftwerk Onagawa seien deutlich erhöhte Strahlungen gemessen worden. Man wisse nicht, woher diese Strahlung komme. Die drei Reaktoren dort seien „unter Kontrolle". Nach der Ursache werde jetzt gesucht. Onagawa liegt etwa 120 Kilometer nordöstlich von Fukushima 1 in der angrenzenden Präfektur Miyagi. Eine Stunde später erklärt Tepco, mit der Kühlung in Onagawa gebe es keine Probleme. Die dort gemessene Strahlung stamme aus einem Leck in Fukushima. Ein Leck in Fukushima? Davon hat bislang noch niemand gesprochen. Was für ein Leck denn? Wenn die Strahlung da oben, 120 Kilometer nordöstlich, aus Fukushima stammt, dann muss das doch wohl ein verdammt großes Leck sein. Und wenn aus dem Leck radioaktive Partikel austreten, dann muss doch wohl ein Sicherheitsbehälter zerstört sein, oder nicht? Im Büro versuchen wir, uns darüber klar zu werden. Ein Unterfangen, das scheitern muss, denn wir sind einfach keine Experten. Wir halten uns an das, was wir wissen, an die Fakten. Bloß nicht anfangen zu spekulieren, zumindest nicht auf dem Schirm. Daheim in Deutschland sind sie sowieso schon alle in heller Aufregung. Von dem, was wir aus Deutschland hören, könnte man fast den Eindruck bekommen, in Deutschland sei ein Reaktor explodiert. Die Menschen hier in Japan hingegen nehmen die Reaktorkatastrophe immer noch nicht richtig zur Kenntnis. Auch das ist für uns schwer zu verstehen.

„Warum ist das so, Fuyuko? Ich verstehe das nicht. Die ganze Welt spricht über die Atomkatastrophe in Japan, macht sich Sorgen. In Deutschland fragen sich die Menschen, ob Strahlung aus Fukushima auch eine Gefahr für sie bedeuten könnte, eine Frage, die sich hier anscheinend nicht allzu viele Menschen stellen."

„Erstens unterscheiden wir Japaner in ‚gute' und in ‚schlechte' Atomenergie. Die ‚schlechte' hat Hiroshima und Nagasaki zerstört, also die militärisch genutzte Atomenergie. Die ‚gute', das ist die zivil genutzte, die wir selbst kontrollieren und die dabei geholfen hat, unsere Wirtschaft zu einer der stärksten in der Welt zu machen. Japan hat praktisch keine eigenen Ressourcen, also haben wir auf Atomenergie gesetzt."

„Ja, aber das erklärt doch nicht, warum sich die Leute jetzt so ruhig verhalten, warum es keinen Aufschrei gibt, jetzt, wo der Super-GAU droht oder vielleicht schon eingetreten ist."

„Wir sind anders erzogen als ihr. Was die Atomenergie angeht, findet hier fast so etwas wie Gehirnwäsche statt.

Schon in den Schulen werden die Kinder von den Segnungen der Atomenergie überzeugt. Besuche in Atomkraftwerken oder im Atommuseum gehören an japanischen Schulen fast schon zum Standardprogramm. Viele Menschen hier sind völlig uninformiert, wie gefährlich auch die zivile Atomenergie sein kann. Sie haben nie etwas davon gehört. Ihr diskutiert das in Deutschland seit den 70er-Jahren. Eine solche Diskussion hat bei uns nie wirklich stattgefunden."

Im Gegenteil. Im Internet finden wir ein „Aufklärungsvideo" der besonderen Art. Pluto-kun, der kleine Plutonium-Junge, eine Zeichentrickfigur mit grünem Helm und zwei Antennen an den Ohren, wurde in den 90er-Jahren von der staatlichen Atomforschungsorganisation PNC entwickelt. Er soll schon den Kleinsten in Kindersprache die Angst vor einem der gefährlichsten Giftstoffe auf Erden nehmen. Vor dem Hintergrund der Atombombenkatastrophen von Nagasaki und Hiroshima erzählt der kleine Pluto-kun, dass es sehr bedauerlich sei, dass man ihn auch für Kernwaffen einsetzen könne, denn eigentlich sei er ein Freund des Friedens. Damit das Plutonium nicht in die Hände von bösen Menschen gelange, würde es die Regierung ganz doll beschützen. Wenn es doch einmal in die Umwelt, ins Wasser gelangen sollte, sei das nicht so schlimm, denn Plutonium sei so schwer, dass es auf den Grund sinken würde. Und selbst wenn es einmal im Trinkwasser lande, sei das kein Problem, denn auf dem Klo könne man es ganz einfach wieder ausscheiden.

Die Tatsache, dass Plutonium extrem krebserregend und besonders gefährlich ist, sollte es in den Blutkreislauf oder die Atemwege gelangen, wird nur knapp am Rande angesprochen, und davor könne man sich ja auch schützen. Es ist die totale Verharmlosung.

Für mich bleibt das zunächst alles schwer nachzuvollziehen. Bei den japanischen Kollegen im Nachrichtenstudio mache ich den Test, spreche die Kollegen dort auf Fukushima an und auf die möglichen Konsequenzen. Einer der Kollegen meint lapidar: Ja, das werde schon wieder. Ein anderer fragt mich, ob ich denn wirklich glauben würde, dass es so schlimm sei. Und ich merke, dass er dabei denkt, ich sei zu ängstlich.

Montag, 14. März 2011

00:00–11:00 Uhr

Der heutige Tag aber wird uns in unserer kritisch-nüchternen Herangehensweise an das, was sich da derzeit im Atomkraftwerk Fukushima 1 und seinen Reaktoren abspielt, bestätigen. Alles scheint aus den Fugen zu geraten. Mehr denn je mit ungewissem Ausgang. Unsere Angst wächst von Stunde zu Stunde. Drei unserer Mitarbeiter werden sich nach den Ereignissen des Tages für die Option entscheiden, Japan zu verlassen, ihre ganz persönliche psychologische Grenze ist erreicht. Mitten in der Nacht, gegen 00:00 Uhr erfahren wir, dass der havarierte Reaktor 3 anders als die anderen beschädigten Reaktoren mit sogenannten MOX-Brennelementen „gefahren" wird. MOX steht für Mischoxid und bedeutet im Ergebnis, dass diese Brennelemente bis zu acht Prozent Plutonium enthalten. Anders als Uran sind schon die winzigsten Plutonium-Partikel für den Menschen tödlich. Plutonium ist wie andere Schwermetalle giftig, lagert sich in der Leber und in den Knochen ab. Es heißt, die tödliche Dosis läge im zweistelligen Milligramm-Bereich. Weit gefährlicher aber als die chemische Vergiftungswirkung, finden wir in der Nacht heraus, sei die krebserregende Strahlung von Plutonium. Wenige Mikrogramm, also alles über 0,000001 Gramm Plutonium, das man inhaliere oder das in den Blutkreislauf gelange, reichten aus, um mit Sicherheit Krebs zu erzeugen. Wir fragen uns, wie viel Plutonium denn im schlimmsten Fall freigesetzt werden könnte, wie viel Plutonium der Reaktor 3 in Fukushima enthält. Eine genaue Rechnung ist zu diesem Zeitpunkt unmöglich, aber wir versuchen uns Pi mal Daumen anzunähern. Gehen wir, der Einfachheit halber, mal von einer fünfprozentigen Beimischung aus. Reaktor 3 wird mit 548 Brennelementen gefahren, davon 32 MOX-Brennelementen. Jedes Brennelement wiegt etwa 170 Kilo, das macht zusammen 5440 Kilo Kernbrennstoff, der Plutonium beinhaltet. Also etwa 5,5 Tonnen mal fünf Prozent. Das sind 272 Kilogramm Plutonium. Und das nur in den Brennelementen, die sich gerade im Reaktorkern befinden. Dazu kommen noch die 514 Brennelemente aus dem Abklingbecken. Um Gottes Willen! Wir müssen hoffen, dass sie die Reaktoren in den Griff bekommen.

Zur gleichen Zeit spielt sich nach der vorläufigen Rekonstruktion auch in Reaktor 3 ein erbitterter Kampf ab, um eine Explosion des Reaktorkerns wie in Tschernobyl zu verhindern. Seit gestern Morgen ist die Kühlung in Reaktor 3 vollständig ausgefallen. Der Druck im Reaktor steigt kontinuierlich an. Der Druck wird so groß, dass kein Wasser eingespritzt werden kann. Arbeiter öffnen deshalb die Druckablassventile, wie bei Reaktor 1, per Hand. Durch einen Schornstein tritt Dampf aus. Die Brennelemente liegen schon auf etwa drei Metern Länge im Trockenen und erhitzen sich stark. Über eine Feuerlöschleitung wird erst Süßwasser, später dann ebenfalls mit Borsäure versetztes Meerwasser eingespritzt. Die Messgeräte zeigen aber dennoch einen weiter fallenden Wasserstand. Die Regierung hält jetzt eine Kernschmelze für möglich. Aber weil es die einzig verbleibende Möglichkeit ist, den Reaktorkern zu kühlen und eine Explosion des Reaktorkerns zu verhindern, wird verzweifelt immer mehr Wasser eingespritzt. Jetzt, in der Nacht zum 14. März, muss die Wassereinspritzung aber aus technischen Gründen für etwa zwei Stunden unterbrochen werden. Der Druck im Sicherheitsbehälter steigt wieder an. Die Brennelemente liegen wieder oder immer noch auf drei Metern Länge frei. Wieder muss Dampf abgelassen werden, um Wasser einspritzen zu können. Der Druck aber nimmt wohl nicht ab.

Während es also ums Ganze geht in Fukushima, werden wir durch eine neue Meldung aufgeschreckt. Es ist ein Uhr in der Nacht und eine japanische Nachrichtenagentur berichtet unter Berufung auf die Feuerwehr, dass die Kühlung in einem weiteren Atomkraftwerk ausgefallen sei. Die Kühlpumpen von Reaktor 2 des Atomkraftwerks Tokai würden nicht mehr arbeiten. Tokai liegt in der Präfektur Iberaki, nur etwa 120 Kilometer entfernt von Tokio. Hört das denn gar nicht mehr auf? Wie sollen wir hinter all diesen Entwicklungen herkommen? Es ist schon schwer genug zu verstehen, was sich da in Fukushima abspielt. Aber jetzt haben wir schon Probleme in drei Atomkraftwerken, und das sind nur die, von denen wir bislang wissen. Wer weiß, wann sie zugeben müssen, dass noch viel mehr Kernkraftwerke Probleme haben. Ganz ruhig. Wir müssen ganz ruhig bleiben, uns zusammenreißen. Einen klaren Kopf behalten. Ein bisschen hilft die Nachricht, dass eine Hilfskühlpumpe in Tokai angesprungen sei. Doch können wir auf solche Informationen der Betreibergesellschaft vertrauen?

Zu viele Informationen der Betreibergesellschaft und der Regierung hatten sich widersprochen oder mussten revidiert werden. Wir werden abwarten müssen.

Tepco und die japanische Atomsicherheitsbehörde versuchen unterdessen weiter, die Öffentlichkeit zu beruhigen. Es ist halb neun Uhr morgens, eine Tepco-Sprecherin teilt mit, dass die Strahlung auf dem Gelände mit 751,2 Mikrosievert pro Stunde zwar nach wie vor erhöht sei, aber nur etwas höher liege als bei einer Röntgenaufnahme des Bauches. Auch bei ihr soll sich alles ganz harmlos anhören. Doch was sie verschweigt, ist, dass man bei einer Röntgenaufnahme der Strahlung nur den Bruchteil einer Sekunde ausgesetzt ist und nicht stunden-, tage-, wochen-, monate- oder sogar jahrelang. Die Wahrheit, die sie den Menschen nicht mitteilt, ist, dass man bei 751,2 Mikrosievert die Stunde schon nach etwa eineinhalb Stunden die für einen normalen Menschen zulässige zusätzliche Jahreshöchstdosis erreicht hat. Auch der Sprecher der Atomsicherheitsbehörde versucht, die Situation herunterzuspielen. Stünde der Reaktor vor einer Kernschmelze, dann wäre die gemessene Strahlung sehr viel höher, meint er. Kein Grund zur Panik also. Während die einen aber versuchen, die Situation zu verharmlosen, geht der Premierminister mal wieder vor die Presse und spricht davon, dass die Situation in den Kernkraftwerken „besorgniserregend" sei. Dieses Hin und Her macht uns fertig. Die einen so, der andere so. Es fällt uns immer schwerer, uns in diesem Informationswust zurechtzufinden. Die Menschen in der betroffenen Region aber scheinen ihr eigenes Urteil gefällt zu haben. Die Küstenstreifen rund um die Atomkraftwerke sind durch Erbeben und Tsunami völlig zerstört, und jetzt auch noch der „nukleare Notstand". Von Hamsterkäufen wird berichtet, von ausverkauften Supermärkten und Tankstellen, an denen es kein Benzin mehr gibt. Die Menschen bereiten sich auf das Schlimmste vor.

Und auf einmal ist es wieder da, dieses Ächzen und Stöhnen, dieses langsam stärker werdende Zittern, das das ganze Hochhaus ins Schwanken bringt. Nachbeben, Stärke 6,2 auf der Richterskala. Wieder diese ängstlichen Blicke nach oben und hinüber zu den Regalen. Festhalten, konzentrieren, Fluchtweg durchgehen, aufatmen.

„Irgendwelche Meldungen zu Fukushima? Stehen die Reaktoren? Ist was passiert?"

„Nein, noch nichts."

Wie lange werden wir das alle noch durchhalten, frage ich mich. Immer wieder diese schweren Nachbeben, kaum Schlaf und dann auch noch die bange Frage, ob dieser Schlag jetzt den Reaktoren den Rest gegeben hat. Für die Küste rund um das Kraftwerk geben die japanischen Streitkräfte nach dem schweren Beben eben eine Tsunamiwarnung heraus. Eine etwa fünf Meter hohe Welle soll sich auf die Küste zubewegen. Die Menschen werden aufgefordert, sich sofort an höher gelegene Orte zu begeben. Fünf Meter sind unter normalen Umständen eigentlich kein besonderes Problem. Doch seit der Riesenwelle vom Freitag sind viele Schutzmauern zerstört, weggerissen. Jedes Beben, jeder Tsunami kann die Situation dramatisch verschlechtern. Und während von See her wieder eine Welle auf die Küste zurollt, brechen an Tokios Börse die Kurse ein. Besonders hart trifft es die Hersteller von Autos, Elektronik-, Öl- und Energiefirmen. Viele müssen ihre Produktion wegen den Zerstörungen in ihren Fabriken einstellen. Einige Firmen, wie Tepco, werden wegen dramatischer Verkäufe vom Handel ausgesetzt, um das Schlimmste zu verhindern. An diesem ersten Handelstag nach Beginn der Katastrophe kündigt sich ein neues Problem an. Noch ist überhaupt nicht klar, wie stark Japan durch die Dreifachkatastrophe in Mitleidenschaft gezogen ist. Aber die Tatsache, dass die japanische Notenbank kurz nach Handelsbeginn über 100 Milliarden Euro in den Markt pumpt, macht die Sorgen der Regierung nur allzu deutlich.

Über dem Pazifik, in etwa 20 Kilometer Entfernung vom Atomkraftwerk Fukushima 1, außerhalb der Sperrzone, kreist mittlerweile ein Hubschrauber des japanischen Fernsehens. An der Unterseite seines Rumpfes ist eine Spezialkamera mit einem sehr starken Objektiv befestigt. Die Kamera wird aus dem Inneren des Hubschraubers mit einem Joystick bedient. Sie liefert Bilder des Atomkraftwerks. Obwohl 20 Kilometer entfernt aufgenommen, sind die Bilder erstaunlich gut. Kein Dunst über dem Meer beeinträchtigt die Aufnahmequalität.

Es ist eine Minute nach elf Uhr an diesem Montagmorgen. Die Hubschrauberkamera läuft. Was sie jetzt aufnimmt, wird die Weltöffentlichkeit erst etwas später zu sehen bekommen. Doch das, was in Reaktorblock 3 gerade passiert ist, wird der ganzen Welt den Schrecken in die Knochen fahren lassen und das Märchen von der Beherrschbarkeit der Kernenergie endgültig und jäh beenden.

Jörg und ich sind auf dem Weg in die deutsche Botschaft. Wir haben uns dort mit Klaus Buchmüller verabredet. Klaus Buchmüller koordiniert von der Botschaft aus sein THW-Team im Norden Japans und irgendwie ist er noch ganz guter Dinge. Jörg und er kennen sich aus diversen Kriseneinsätzen rund um den Globus. Die Zerstörung sei groß da oben und ganz ehrlich, es gebe nicht viele Chancen, in den vom Tsunami verwüsteten Gebieten noch viele Überlebende zu finden. Nein, vor einer gefährlichen Strahlenbelastung habe man im Moment keine Sorge. Sie hätten jemanden dabei, der permanent messen würde. Zurzeit sei alles o.k. Man würde gut mit den japanischen Behörden zusammenarbeiten. Man gehe erst mal davon aus, dass die Japaner alles einigermaßen im Griff hätten. Gemeinsam mit der Botschaft habe man auch die Evakuierung von etwa 70 Ausländern, Deutschen und anderen Europäern, aus der Region organisiert. Busse seien auf dem Weg Richtung Sendai, um die Menschen dort abzuholen. Wenn man ihn so reden hört, denke ich mir, dann ist alles halb so schlimm. Für einen wie ihn eher ‚business as usual'. Nach Buchmüller treffen wir noch kurz den Botschafter. Der meint, die Situation sei nicht ungefährlich, aber es gebe auch keinen Grund zur Panik. Ein Experte des Umweltbundesamtes sei aus Deutschland angereist. Der würde sich mit seinen japanischen, aber auch amerikanischen Kollegen besprechen. Die

Experten seien zu dem vorläufigen Schluss gekommen, dass die vordringlichste Aufgabe darin bestehe, die Reaktoren zu kühlen, und genau das passiere gerade. Ich spreche ihn auf die Reisewarnung an und darauf, dass der deutsche Außenminister alle Landsleute in Japan mehr oder weniger aufgefordert hat, eine Ausreise zu prüfen, und frage, ob das nicht der Wink mit dem Zaunpfahl sei? Man wolle keine Panik schüren, aber die Deutschen hier in Japan wüssten schon, wie das zu verstehen sei. Natürlich sei die Bundesregierung über jeden Deutschen froh, der jetzt das Land verlasse, vor allem aber die Region dort oben. Viele deutsche Firmen, erzählt er, hätten ihre Mitarbeiter und deren Angehörige schon ausgeflogen. ‚Alles halb so schlimm' hört sich irgendwie anders an, denke ich. Für den Abend, die Nacht, wenn die Busse aus Sendai hier an der Botschaft ankommen, verabreden wir ein Live-Gespräch mit Klaus Buchmüller und eventuell auch mit dem Botschafter für unsere Nachrichtensendungen.

Das, was sich seit 11:00 Uhr im Atomkraftwerk Fukushima abgespielt hat, haben wir noch gar nicht so recht mitbekommen. Als wir Richtung Botschaft losfuhren, hieß es nur, es habe ein Explosionsgeräusch gegeben. Jetzt, zurück im Büro, sehen wir die Bilder dazu. Ein großer roter Feuerball lässt das Reaktorgebäude 3 förmlich platzen. Dann steigt ein dunkler, großer Rauchpilz schnell und senkrecht nach oben. Radioaktive Trümmer des Gebäudes werden über das Gelände geschleudert. Wieder, wie schon in Reaktorblock 1, ist es eine Wasserstoffexplosion, die das Gebäude zerreißt und nur noch eine Ruine zurücklässt. Diesmal aber ist die Explosion noch sehr viel stärker. Nicht nur das Dach, sondern auch darunter liegende Stockwerke werden offensichtlich beschädigt. Tepco spricht davon, dass mindestens sechs Menschen durch die Explosion verletzt worden seien, dass aber der Sicherheitsbehälter mit dem Reaktorkern intakt geblieben sei, heißt, die Explosion ohne weitere Schäden überstanden haben soll. Regierungssprecher Edano teilt mit, die Strahlenwerte rund um das Atomkraftwerk hätten sich nur wenig verändert, die Wahrscheinlichkeit einer weiteren Explosion in Reaktor 3 sei eher gering.

Fassungslos betrachten wir die Bilder. Was da gerade in Fukushima passiert, will nicht so recht in unsere Köpfe rein. Explodierende Reaktorblöcke. Hatten Politiker und Atomlobby uns nicht immer weiszumachen versucht, so etwas könne in unseren modernen Atomkraftwerken überhaupt nicht passieren? Vielleicht in dem ein oder anderen Schrottreaktor in einer der ehemaligen Sowjetrepubliken. Aber doch nicht in unseren Reaktoren, die nach den besten Sicherheitsstandards gebaut sind, ganz anders als die alten Russenreaktoren. Wir sitzen alle zusammen, überlegen was jetzt zu tun ist. Fuyuko versucht, einen ihrer japanischen Experten ans Telefon zu bekommen. Uns allen aber ist schon jetzt klar, dass wir den offiziellen Verlautbarungen keinen Glauben mehr schenken können. Wir alle haben die Bilder gesehen. Ein schwarzer Rauchpilz über einem Atomreaktor, dessen Kernbrennstoff in großen Mengen Plutonium enthält. Staub und Schrott, der durch die Explosion hoch in die Luft getragen wird, und die Offiziellen erzählen uns, die radioaktive Strahlung sei nur ein wenig angestiegen. Das können die vielleicht Pluto-kun, dem kleinen Plutonium-Jungen erzählen, aber nicht uns. Das wird ja immer absurder hier. Der Gouverneur von Tokio scheint den offiziellen Angaben auch nicht mehr zu vertrauen. Über die japanischen Nachrichtenagenturen lässt er mitteilen, dass er für Tokio eigene Strahlenmessungen angeordnet habe. Bei uns im Büro entwickelt sich eine offene Diskussion, in der wir über unsere Ängste und über die weitere Arbeit sprechen. Ich mache meinen Kollegen und Kolleginnen noch mal klar, dass ich aus Mainz die Verantwortung übertragen bekommen habe, dafür Sorge zu tragen, dass keinem hier etwas passiert. Da ich aber, wie wir alle, nicht im Geringsten einschätzen kann, wie groß die Gefahr für uns vielleicht schon ist oder aber noch wird, muss sich jeder selbst die Frage stellen, ob er den Druck noch aushält. In einer Sache aber sind wir uns alle einig: Unser Vertrauen in die, die diese Krise managen sollen, ist endgültig dahin. Während wir die verschiedenen Variablen noch einmal besprechen, Windrichtung, Entfernung zu den Reaktoren, mögliche Massenpanik und vorhandene oder nicht vorhandene Schutzräume für den absoluten Notfall, meldet die *New York Times* unter Berufung auf amerikanische Regierungskreise, dass der Flugzeugträgerverband der „USS Ronald Reagan“ vor der Küste durch eine radioaktive Wolke gefahren sei. Mehrere Soldaten hätten innerhalb weniger Stunden die Monatsdosis radioaktiver Strahlung abbekommen. US-Helikopter hätten etwa 100 Kilometer vom Atomkraftwerk Fukushima entfernt radioaktive Partikel gemessen. Darunter angeblich Cäsium 137 und Jod 121. Das aber war schon gestern, vor der heutigen Explosion.

„Das heißt doch wohl, dass schon nach der ersten Explosion in Reaktor 1 am Samstag viel mehr Radioaktivität ausgetreten sein muss, als sie bislang zugegeben haben“, meint einer in unserer Runde.

„Wenn es stimmt, was die *New York Times* da schreibt. Können wir selbst mal mit den Amerikanern sprechen?“

Soweit aber kommt es nicht. Eine weitere Meldung unterbricht die Diskussion: „Kühlsystem in Reaktor 2 ausgefallen.“ „Kühlwasserstand in Reaktor 2 fällt.“ Das ist jetzt schon der dritte Reaktor, der nicht mehr gekühlt werden kann. Und was das bedeutet, haben wir in den letzten Stunden und Tagen doch schon erlebt. Kühlungsausfall, Kernschmelze, Wasserstoffexplosion – Bumm. Selbst wenn alles stimmen sollte, was Regierung und Tepco uns die ganze Zeit erzählen – irgendwann ist es vorbei, ausgereizt, Schluss, Aus,

Ende. Jörgs Team aus Afrika, das gerade mal zwei Tage in Japan ist, und eine unserer freien Producerinnen entscheiden sich für die Option, Japan zu verlassen. Kriege, Bürgerkriege, Naturkatastrophen und Seuchen – alles kein Problem, aber das hier jetzt ist einfach zu viel. Das Informationsdurcheinander raubt uns langsam die letzten Nerven.

16:36 Uhr: Tepco hat mit dem Einleiten von Meerwasser in Reaktor 2 begonnen.

17:18 Uhr: Tepco kann nicht bestätigen, dass das eingeleitete Wasser das Innere des Reaktors erreicht.

17:23 Uhr: Reaktoren 1 und 2 des Atomkraftwerks Fukushima 2 erfolgreich gekühlt.

17:29 Uhr: Meerwasser hat die Überhitzung von Reaktor 2 des Atomkraftwerks Fukushima 1 verhindert.

17:48 Uhr: Japanische Atomaufsicht schließt Katastrophe wie in Tschernobyl aus.

18:41 Uhr: Die Brennstäbe in Reaktor 2 liegen zum Teil frei, sind nicht mehr vollständig mit Kühlwasser bedeckt.

18:45 Uhr: US-Flugzeugträger dreht wegen erhöhter Radioaktivität von japanischer Küste ab. Vorläufiger Stopp von Hilfsmaßnahmen.

Immerhin, der Wind steht nach wie vor verhältnismäßig günstig, weht aus West/Nordwest auf den Pazifik hinaus. Ein Problem für den amerikanischen Flugzeugträger, aber nicht, noch nicht für die Metropolregion Tokio mit ihren fast 35 Millionen Einwohnern. Eine Entwarnung kommt am Abend auch aus dem Atomkraftwerk Tokai 2, das nur etwa 120 Kilometer nördlich von Tokio liegt. Der Reaktor dort würde bis morgen Vormittag sicher heruntergekühlt werden können, teilt der Betreiber Japan Electric Power mit. Mal schauen!

Wir sind jetzt alle am Ende unserer Kräfte, haben praktisch vier Tage nicht richtig geschlafen. Und wir wissen immer noch nicht, wann wir mal dazu kommen werden. Jörg ist mit Toby raus zur Botschaft, versucht die evakuierten

Deutschen aus Sendai vor die Kamera zu bekommen, will „first hand" Informationen aus der Katastrophenregion. Ich stehe derweil in der Nachrichtenredaktion von TBS und bediene unsere verschiedenen Sendungen und Sender mit dem Wenigen, was wir sicher über die Situation in Fukushima wissen. Hätte ich gewusst, was sich zu diesem Zeitpunkt in der Anlage abspielt, hätte ich vielleicht schon früher die Entscheidung gefällt, dass das ganze Team das Land, zumindest aber Tokio verlässt. Diese Entscheidung aber werde ich erst in ein paar Stunden treffen.

Dienstag, 15. März 2011

00:00–08:00 Uhr

Während wir gegen unsere Müdigkeit ankämpfen und versuchen, die Orientierung im Informationsdschungel zu bewahren, spielen sich im Atomkraftwerk Fukushima 1 und in der Tepco-Zentrale in Tokio dramatische Szenen ab.

Nach der schweren Explosion in Reaktorblock 3 fällt die Kühlung auch in Block 2 aus. Die Explosion hat dessen Kühlsystem schwer beschädigt. Auch hier steigt der Druck enorm an. Wie zuvor in Block 1 und 3 beginnen die Rettungsmannschaften über eine Feuerlöschleitung mit einer Behelfspumpe Meerwasser in den Reaktorkern einzuleiten. Aber zu allem technischen Versagen kommt jetzt auch noch das menschliche. Die Arbeiter vor Ort lassen die Pumpe aus den Augen. Sie bemerken nicht, dass sie leer läuft, dass ihr der Treibstoff ausgeht, dass kein Wasser mehr in den Reaktor gepumpt wird. Im Reaktorkern verdampft das Wasser vollständig, die Brennelemente liegen vollkommen frei. Als die Arbeiter das Problem bemerken, ist der Druck im Inneren des Reaktors so hoch, dass eine Wassereinspritzung unmöglich ist. Das heißt, der Druck im Inneren des Reaktorkerns presst das Wasser durch die Leitungen zurück. Bevor man weiter kühlen kann, muss auch hier das Überdruckventil geöffnet werden. Das aber funktioniert nicht, weil man wohl ein dafür erforderliches Messgerät versehentlich abgeschaltet hatte, was zunächst niemandem auffiel. Mehr als zwei Stunden dauert es, bis es den Arbeitern schließlich gelingt, das Ventil zu öffnen. Der Druck wird in den Sicherheitsbehälter abgelassen, der den Reaktorkern umhüllt. Doch es ist zu spät. Die Kernschmelze hat schon begonnen.

Die Brennstäbe schmelzen bei 2800 Grad Celsius. Der Druck im Sicherheitsbehälter steigt immer weiter. Jetzt, kurz nach Mitternacht, kommt die Anweisung, Dampf aus dem Sicherheitsbehälter abzulassen, um eine Explosion im Kern des Reaktors zu verhindern. Das wäre Tschernobyl. So fällt von Menschenhand die letzte Barriere zwischen der radioaktiven Strahlung im Reaktor und der Umwelt. Radioaktiver Dampf gelangt in die Atmosphäre. Aber es gibt zu diesem Zeitpunkt keine Alternative mehr, es gibt nur noch schlechte und weniger schlechte Lösungen. Doch obwohl kontrolliert Dampf abgelassen wird, zeigen die Messfühler im Inneren keinen Druckabfall.

Es ist jetzt etwa fünf Uhr morgens. Folgt man verschiedenen japanischen Medienberichten, befindet sich Japans Premierminister zu diesem Zeitpunkt in seinem Amtssitz und lässt sich über die Rettungsarbeiten in Fukushima informieren. Zu den vielen Merkwürdigkeiten japanischer Politik, die wir in diesen Tagen erleben, gehört es anscheinend auch, dass diese Atomkatastrophe bislang nicht von einem nationalen Krisenstab geleitet und koordiniert wird. Es ist die Betreibergesellschaft Tepco, die mehr oder weniger alleine diese Krise, für die sie zu großen Teilen selbst verantwortlich ist, in den Griff zu bekommen versucht. Der Premierminister ist für seine Entscheidungen darauf angewiesen, was Tepco ihm mitteilt. Irgendetwas muss er in der Nacht, zwischen Mitternacht und fünf Uhr morgens erfahren haben, was ihm den Kragen platzen lässt. Von seinem Amtssitz lässt er sich direkt in die Tokioter Tepco-Zentrale fahren. Dort angekommen tut er etwas, was für japanische Politiker, ja, für Japaner im Allgemeinen eher ungewöhnlich ist. Er brüllt die völlig verdutzten Tepco-Manager an, was da denn los sei in dem Atomkraftwerk und warum der japanische Premierminister nichts davon wisse, warum er immer erst aus dem Fernsehen erfahre, dass es Explosionen im Atomkraftwerk gegeben habe. Eine Zeitung wird später berichten, Tepco habe den Premierminister gebeten, alle Mitarbeiter aus Fukushima abziehen zu dürfen, da es schwierig sein werde, das Atomkraftwerk nach den Explosionen und Bränden wieder unter Kontrolle zu bekommen. Kan aber weist die Bitte der Tepco-Manager scharf zurück. „Eine Abberufung ist unmöglich, es geht jetzt nicht mehr darum, ob Tepco zusammenbricht, es geht darum, ob Japan zusammenbricht", wird Kan zitiert. Ein hoher Tepco-Mitarbeiter, der seinen Namen nicht gedruckt sehen will, vertraut sich im Anschluss einer Zeitung an. Kans Befehl, die Mitarbeiter weiter gegen die Atomkatastrophe kämpfen zu lassen, bedeute, sie sollten sich der Strahlung aussetzen und sterben.

Sollten diese Berichte stimmen, und sie sind bis heute nicht dementiert worden – von niemandem –, dann ist Naoto Kan in diesen Minuten zu dem Schluss gekommen, dass es jetzt ums Ganze geht, um das Überleben Japans.

Von der Dramatik, die sich da gerade hinter den Kulissen in der Tepco-Zentrale abspielt, wird die Öffentlichkeit aber erst im Laufe des Tages erfahren. Ich stehe gerade in der Nachrichtenredaktion von TBS und bereite mich auf eine Live-Schalte mit Claus Kleber im *heute journal* vor, als gegen 05:15 Uhr Yukio Edano vor die Kameras geht und ein Statement des Premierministers in wenigen Minuten ankündigt. Ich werde unruhig. Ein Statement des Premierministers um zwanzig nach fünf am Morgen? Da stimmt etwas nicht. Da muss etwas passiert sein. Ich frage die japanischen Kollegen um mich herum, was sie davon halten, teile ihnen mein Unbehagen mit.

„Meinst du wirklich?"

„Ja, warum sollte Kan sonst so früh am Morgen vor die Presse gehen. Da ist etwas im Busch."

„Naja. Die Krise ist groß. Alle arbeiten jetzt rund um die Uhr, wir auch. Das muss nichts bedeuten."

Aber ich spüre, dass sich hinter ihrer Fassade der Gelassenheit Zweifel breit machen. Als Naoto Kan dann ein paar Minuten später im blauen Arbeitsoverall vor die Kameras geht, blicken die Kollegen konzentriert und gebannt auf die Bildschirme an der Wand. Kan wirkt übernächtigt. Auch er am Ende seiner Kräfte. Er spricht ruhig, fast zu ruhig. Er scheint seine letzte verbliebene Kraft zu benötigen, um seine Gefühle zu kontrollieren. Er ist der Premierminister, muss das Land entschlossen durch diese Katastrophe führen, darf keine Schwäche zeigen. Er verkündet, dass es jetzt unter seiner Führung einen gemeinsamen Krisenstab von Regierung und Tepco geben werde. Die Lage gebe weiter Anlass zur Sorge, „aber ich werde alle Maßnahmen ergreifen, damit der Schaden nicht größer wird". Dann aber scheinen ihn die Kräfte zu verlassen und es sieht so aus, als würden sich seine Augen mit Tränen füllen. Am Ende seines kurzen Statements ruft er seinen Landsleuten zu, sie sollten jetzt die Ruhe bewahren, stark sein und zusammenhalten, um gemeinsam das Land neu aufzubauen. Aber wieder nichts Genaues. Durchhalteparolen mit Tränen in den Augen. So etwas macht ein Regierungschef nur, wenn er weiß, dass das Schlimmste noch bevorsteht. Die Menschen einerseits vorbereiten und andererseits beruhigen, ihnen Mut machen, dass sie es schaffen können, auch wenn es auf den ersten Blick nicht danach aussieht. Nein, mich kann er nicht beruhigen, nicht mit Tränen in den Augen und Durchhalteparolen. Es ist völlig klar: Das Schlimmste steht uns noch bevor, wahrscheinlich bald. Warum sollte er sonst um diese Uhrzeit eine Art Ansprache an die Nation halten. Die japanischen Kollegen aber, die eben noch konzentriert zugehört hatten, entspannen sich, sehen keinen Grund zur übergroßen Sorge.

„Was soll er denn sonst sagen in dieser Situation? Die Lage ist ja kritisch. Hoffen wir mal das Beste."

Ich bin völlig irritiert durch diese beinahe stoische Gelassenheit der Kollegen. Spielt mir die Müdigkeit einen Streich? Beeinflusst sie meine Urteilsfähigkeit? Sehe ich die Dinge völlig falsch? Nein, ich täusche mich nicht. Da ist etwas ganz Großes im Busch. Ich verstehe meine japanischen Kollegen und ihre Ruhe nicht mehr. Ist es echte Ruhe und Gelassenheit oder vielleicht blindes, unkritisches Vertrauen? Obrigkeitshörigkeit? Warum spüren die nicht, was ich spüre? Zurück im Büro, es ist jetzt Viertel nach sechs am Morgen. Wir sind nur noch zu dritt. Toby und Lilo haben sich schon mal hingelegt. Jörg und ich nehmen ein Bier, abspannen.

„Fuyuko, liege ich völlig falsch, wenn ich das Gefühl habe, dass uns Kan gerade auf die Katastrophe vorbereitet hat? Wie kommt es, dass ich aus seinen Worten das Schlimmste herauslese und die Kollegen unten das alles nicht ganz so dramatisch sehen?"

Fuyuko aber hört mich nicht, ist vor Erschöpfung auf ihrem Stuhl eingeschlafen.

„Fuyuko, aufwachen. Geh ins Bett! Wir müssen alle ein paar Stunden richtig schlafen, sonst brechen wir hier wirklich noch zusammen."

Draußen ist es schon wieder hell geworden, als Jörg und ich das Büro gegen Viertel nach sieben verlassen. Fuyuko aber will noch bleiben, ein Stündchen Schlaf im Stuhl würde ihr reichen, meint sie. Wir aber freuen uns auf die Aussicht, ein paar Stunden in einem Bett schlafen zu können. Seit einer Stunde haben wir die letzten Nachrichten nicht mehr gecheckt, haben versucht, ein bisschen zu entspannen, über alles Mögliche gesprochen, nur nicht über die Katastrophe. Und so ahnen wir nicht, als wir uns gegen halb acht hinlegen, dass es mit dem Schlafen heute wieder nichts wird.

Wie ein Stein bin ich ins Bett gefallen. In Sekundenbruchteilen muss ich weg gewesen sein, kann mich an nichts mehr erinnern. Von ganz weit her plötzlich ein Geräusch. Erst ganz leise und dann immer lauter. Als würde jemand mit einem Bohrer versuchen, durch eine dicke Wand aus Stein zu dringen, die zwischen mir und der Welt da draußen liegt. Unruhig wälze ich mich im Bett umher. Was ist das? Es hört auf. Nein, da ist es schon wieder. Es muss ein Traum sein, ein verdammter Scheißtraum. Langsam hat sich das Geräusch jetzt bis in die Gehirnregion hineingefressen, die dafür verantwortlich ist, den Körper in Alarmzustand zu versetzen. Egal, wie müde und abgekämpft man ist. Überlebensinstinkt. Ich schaffe es kaum, meine Augen zu öffnen, als würden Bleiplatten daran hängen. Die Augen sind trocken, brennen, der Kopf tut weh. Langsam drehe ich mich Richtung Nachttisch. Ich sehe durch meine schmalen Augenschlitze das Telefon in heller Aufregung tanzen. Es bewegt sich, klingelt, vibriert, leuchtet. Rangehen oder nicht rangehen? Ignorieren, weiterschlafen? Es hört nicht auf. Manchmal stoppt es kurz, dann beginnt es wieder, sich zu bewegen und mir mit seinem Klingeln den letzten Verstand zu rauben. Es nützt nichts. Ich muss rangehen. Es ist Fuyuko.

„Johannes, jetzt ist auch noch Reaktorblock 2 explodiert. Schon um kurz nach sechs. Und es sieht so aus, als wäre es jetzt wirklich schlimm."

„Was ist los?"

„Es sieht so aus, als sei der Sicherheitsbehälter beschädigt. Außerdem heißt es, radioaktiv verseuchtes Wasser werde direkt aus den Reaktoren ins Meer geleitet".

„O.k., Fuyuko, ich glaube es ist so weit. Wir werden uns aus Tokio zurückziehen. Wir müssen hier weg. Ruf du bitte

Lilo an. Ich spreche mit Jörg und Toby. Wir treffen uns alle so schnell wie möglich im Büro."

Ich bin hellwach, obwohl ich mich kaum auf den Beinen halten kann. Es ist also passiert, wovor wir die ganze Zeit Angst gehabt haben. Der Sicherheitsbehälter ist zerstört, die letzte Barriere, die eine massive Freisetzung von Radioaktivität verhindern könnte. Kan muss es gewusst, zumindest aber geahnt haben. Was wird jetzt passieren? Es ist früher Morgen. Die Stadt ist relativ leer. Die meisten Pendler haben es nach dem Beben in den letzten Tagen irgendwie nach Hause geschafft und werden da auch erst mal bleiben. Was aber, wenn die Menschen begreifen, was da gerade passiert ist? Panik? Massenpanik? Wenn ja, dann werden die Straßen Richtung Flughafen dicht sein. Dann stecken wir fest. Wir müssen jetzt schnell handeln.

„Jörg, Reaktor 2 ist auch explodiert. Fuyuko sagt, es sei schlimmer als bei den ersten Explosionen. Der Sicherheitsbehälter sei wohl zerstört. Wer weiß, was da jetzt noch auf uns zukommt. Wir treffen uns in fünf Minuten unten in der Hotellobby, nimm alle deine Sachen mit."

Jörg ist gereizt. Ich habe ihn aus dem Schlaf gerissen, nach dem wir uns noch vor einer halben Stunde so gesehnt hatten.

„Bleib mal ganz ruhig. Besteht denn irgendeine Gefahr für Tokio?"

„Kann ich dir nicht sagen. Das weiß kein Mensch im Moment. Meine Sorge ist auch nicht die Strahlung oder eine Strahlenwolke. Ich mach mir Gedanken, wie die Menschen reagieren. Bislang sind sie ja relativ ruhig geblieben, aber wenn es jetzt dann doch zu einer Panik kommt, dann sind wir in den Arsch gekniffen, dann sitzen wir hier fest."

Jörg klingt alles andere als überzeugt. Ich merke, dass er nicht die geringste Lust verspürt, aus seinem warmen Bett zu steigen.

„Jörg, tut mir echt leid, aber ich habe die Verantwortung für euch. Außerdem will ich, dass du deine Süßen in Afrika gesund wiedersiehst. Wir treffen uns in fünf Minuten in der Lobby."

Was für ein Druck. Vielleicht geht alles gut. Dann wird es heißen, der Hano hat überreagiert. Bleiben wir, schlafen weiter und es geht schief, dann habe ich alles falsch gemacht. Ich muss für mich jetzt eine Linie festlegen, egal, was die andern, was Mainz denkt, muss mich frei machen von all den psychischen Zwängen, die auf mir lasten.

„Good morning, Toby. Ich glaube, es ist die Zeit gekommen, Tokio zu verlassen, wir treffen uns alle so schnell es geht im Büro."

Ich erzähle ihm, was in Fukushima passiert ist.

„Ich kann nicht weg aus Tokio, ich kann meine Familie nicht alleine lassen."

„Nimm sie mit, Mainz hat doch auch für deine Frau und deinen Sohn Flüge raus aus Tokio gebucht."

Tatsächlich hatten die Kollegen in Mainz schon seit Sonntag fortlaufend Flüge auch für die Angehörigen der Mitarbeiter gebucht. Immer wieder war die Frage aufgekommen, was mit der Familie passiert, wenn es hart auf hart kommt. Die Entscheidung, dass wir im Notfall auch ihre Angehörigen mit ausfliegen würden, hatte viel Druck von Lilo, Toby und Fuyuko genommen. Sie wussten jetzt, dass sie weder ihren Arbeitgeber noch ihre Familien im Stich lassen müssten. Aber niemand hatte wirklich damit gerechnet, dass es so weit kommen würde. Doch jetzt, um kurz nach acht Uhr morgens am 15. März, ist die Situation auf einmal da.

Als Jörg und ich auf die Straße treten: eine gespenstische Ruhe. Jörg fällt das nicht so recht auf. Er kennt es ja nicht anders. Aber normalerweise ist Tokio, auch unser Stadtteil Akasaka, um diese Uhrzeit mit Leben gefüllt. Auf den Straßen stauen sich dann die Taxis. Männer mit schwarzen Anzügen, Frauen und Mädchen im Japangirl-Look – kurze Röcke, High Heels, oft sehr bunte und sündhaft teure Kleider – strömen in die Hochhäuser zur Arbeit. Heute sind die Straßen so gut wie leer. Keine Panik also, noch nicht, aber es beunruhigt mich, denn es macht deutlich, dass sich Tokio seit den letzten Explosionen, dass sich in den Köpfen der Menschen etwas geändert hat. Einfach weitermachen ist nicht mehr.

Fuyuko sitzt an ihrem Schreibtisch. Der Fernseher läuft, der Computer auch, und sie wühlt in Papieren, die sie gerade ausgedruckt hat.

„Also, zum Zeitpunkt der Explosion herrschte Nordwind, sagen die Wetterleute. Das heißt, der Wind stand für Tokio ungünstig, wehte Richtung Süden, Richtung Tokio. Es könnte sein, dass radioaktive Teilchen nach Tokio gelangen."

„Sagen sie auch, wie lange das dauern würde, bevor die radioaktiven Teilchen hier in Tokio eintreffen, bis die Wolke da ist?"

„Das ist ganz abhängig von der Windgeschwindigkeit. Im Moment gehen sie so von 10 bis 15 Stunden aus.

„Gibt es denn schon irgendwelche Daten darüber, wie viel Strahlung da auf uns zukommen könnte?"

„Nein, aber sieht so aus, als wäre es mehr als nach den letzten Explosionen. Tepco hat jetzt damit begonnen, seine Arbeiter aus dem Atomkraftwerk zu evakuieren."

„Na, das heißt doch wohl, dass die Radioaktivität auf dem Gelände so hoch sein muss, dass man dort nicht mehr arbeiten kann."

„Ja, das sieht so aus."

Plötzlich piepst der Computer – wieder eine Eilmeldung. Aus der Präfektur Iberaki, die zwischen Tokio und dem Atomkraftwerk liegt, wird eine erhöhte Radioaktivität gemeldet. Im Fernsehen sehen wir Tepco-Manager vor die Presse gehen. Sie sprechen von einer sehr großen Explosion, die es in Reaktor 2 gegeben habe, und die Regierung teilt mit – jetzt ist es offiziell –, dass der Sicherheitsbehälter beschädigt worden sei. „Beschädigt“, das hört sich so harmlos an, als könne man es reparieren. Aber wie wollen sie denn einen hoch radioaktiv strahlenden Behälter reparieren? Jeder, der auch nur in die Nähe einer solch großen, geschmolzenen und strahlenden Masse kommt, wird sofort sterben. Das ist doch alles Blödsinn hier, denke ich. Aber immerhin. Mit diesen ersten, verhältnismäßig ehrlichen Informationen, können wir etwas anfangen. Denn jetzt ist endgültig klar, dass die Lage in Fukushima völlig außer Kontrolle geraten ist, dass es keinen Weg zurück mehr gibt und dass es eine sehr hohe Wahrscheinlichkeit gibt, dass große Mengen radioaktiver Teilchen in die Umwelt gelangen. Ob sie bis nach Tokio kommen, hängt jetzt vom Wind ab und wie er steht, wenn es zu weiteren Explosionen kommt. Denn das Allerschlimmste, was jetzt passieren kann, ist, dass sich die geschmolzene Kernmasse durch den Sicherheitsbehälter und die Betonummantelung brennt, regelrecht durchfrisst, und ins Erdreich gelangt. Sie brennt sich immer weiter Richtung Erdkern, trifft dabei aber auf Grundwasser. Durch die enorme Temperatur der Schmelzmasse, die bei etwa 2800 Grad Celsius liegt, verdampft das Wasser sofort, dehnt sich extrem aus. Es kommt zu einer sogenannten Dampfexplosion. Der Druck sucht seinen Weg nach draußen, oben, sprengt alles weg, was über ihm liegt, möglicherweise das ganze Atomkraftwerk mitsamt seinen Reaktoren. Ungeheure Mengen radioaktiver Partikel werden hoch in die Atmosphäre geschossen und verteilen sich schließlich mit den Luftströmen. Bläst der Wind zu diesem Zeitpunkt Richtung Tokio, dann wäre das wohl das Ende Japans, so wie wir es kennen. So grauenhaft dieses Szenario auch ist, für uns hat es auch etwas Beruhigendes, denn wir wissen jetzt, woran wir sind und haben eine relativ klare Entscheidungsgrundlage. Oder doch nicht?

Es ist jetzt zwanzig vor zehn am Vormittag und es passiert das, was uns, aber auch die Weltöffentlichkeit, tief verunsichert: Ob die japanischen Behörden überhaupt wissen, was sie da tun, welche, auch psychologische Verantwortung sie haben? Nachdem die Behörden mehr als drei Stunden lang die Menschen hier und im Rest der Welt mit der Meldung, der Sicherheitsbehälter in Reaktor 2 sei durch die Explosion teilweise zerstört worden, in Angst und Schrecken versetzt hatten, ist jetzt auf einmal alles wieder anders. Die japanische Atombehörde widerspricht den Meldungen, die seit drei Stunden verbreitet werden und auf die Regierung und Tepco zurückgehen. Nein, die Schutzhülle habe keine Löcher, sei anscheinend intakt.

„Das ist doch alles völlig lächerlich, was sich hier abspielt, Schmierentheater. Da muss man doch nur mal seinen Verstand einschalten, um zu wissen, was hier los ist!", entfährt es mir voller Wut.

„Warum sollten sie uns erst sagen, dass die Schutzhülle kaputt ist, wenn sie es gar nicht wissen? Wenn sie es nicht wirklich wüssten, dann würden sie es auch nicht sagen, denn warum etwas schlimmer machen, als es tatsächlich ist? Und dann die erhöhte Strahlung im Süden. Wo kommt die denn her? Und warum evakuiert Tepco seine Arbeiter aus Block 2? Warum steigt auf dem Kraftwerksgelände die Strahlung rapide an? Da will uns jemand gehörig verarschen! Vielleicht ist ihnen klar geworden, dass Ehrlichkeit in dieser Situation zur Panik führen könnte." Und es wird immer absurder. Kurz nach der Entwarnung durch die Atomsicherheitsbehörde erneut die Meldung, der Reaktorbehälter sei beschädigt, Tepco habe das soeben der Regierung mitgeteilt.

Völlig egal, was die da jetzt erzählen. Wir müssen unsere Entscheidungen selbst treffen. Glauben können wir denen sowieso nicht mehr. Für mich ist nach diesem Informationsdurcheinander endgültig klar, dass wir Tokio heute verlassen.

Wenn wir hier bleiben, dann sind wir womöglich in den nächsten Tagen nur noch mit Eigensicherung beschäftigt, können nicht mehr richtig berichten. Und wir sind jetzt nur noch zu fünft – für Berichterstattung rund um die Uhr. Wenn es ganz schlimm kommt, dann sind auch bestimmt Fuyuko, Toby und Lilo nicht mehr zu halten, wollen zu ihren Familien. Ganz alleine werden Jörg und ich das nicht schaffen. Wir müssen Distanz zum Atomkraftwerk gewinnen, zur Ruhe kommen, mal durchatmen. Aber wir bleiben in jedem Fall in Japan. Osaka ist eine gute Entscheidung. Jede Stunde gibt es da Flüge nach Tokio. Wir sind also auch schnell wieder da, wenn sich die Lage entspannen sollte.

„Fuyuko, gibt es irgendwelche Meldungen, dass die Straßen zu den Flughäfen voll sind? Irgendwelche Anzeichen, dass die Menschen die Stadt verlassen?"

„Bisher nicht. Sieht alles immer noch ganz ruhig aus. Ich glaube auch nicht, dass das so schnell passiert. Die Leute haben die Gefahr immer noch nicht begriffen."

Lilo ist mittlerweile auch im Büro, Toby noch immer unterwegs. Wenn er Glück hat, dann schafft er den Weg von zu Hause ins Büro in einer Stunde. Aber nur, wenn die Züge regelmäßig fahren. Im Moment braucht er etwa zwei Stunden.

„Lilo, wir müssen die Flüge nach Osaka für heute Mittag bestätigen. Wer kommt denn jetzt alles mit?"

Lilo ist völlig aufgelöst, Tränen rinnen ihr über die Wangen.

„Mein Mann und mein Sohn kommen nicht mit, haben sie gesagt, und ohne sie gehe ich nicht. Ich bleibe bei ihnen, egal, was passiert."

„Lilo, was soll das? Da explodiert ein Reaktor nach dem anderen und es scheint ganz offensichtlich immer schlimmer zu werden, und wir haben für euch alle Flüge nach Osaka. Da gibt es doch eigentlich gar nichts zu diskutieren?"

„Doch, Mahito hat noch was zu tun, und außerdem hält er die Situation für nicht so dramatisch, und unser Sohn sagt, wenn er mit uns nach Osaka geht, dann verliert er seinen Job und so schnell würde er in Japan keinen neuen finden. Außerdem wollen sie ihr Land nicht im Stich lassen."

„Aber Lilo, was können sie hier denn tun, außer sich diese permanent widersprechenden Meldungen anzuhören. Es sieht doch wohl eher so aus, dass Tepco und die Regierung sie im Stich lassen, indem sie deinem Mann und deinem Sohn nicht die ganze Wahrheit sagen."

Immer mehr Tränen rollen über Lilos Gesicht. Sie ist völlig erschöpft und man kann ihre innere Anspannung regelrecht fühlen.

„Ich weiß, aber ich werde nicht mitkommen, wenn meine Kerle nicht gehen, kann ich nicht mitkommen. Ich will bei ihnen sein."

Jetzt kommt auch Toby dazu, auch er völlig fertig.

„Meine Frau und mein Sohn kommen nicht mit. Sie hat die Verantwortung für ihre Tageskinder, kann die Eltern nicht vor verschlossenen Türen stehen lassen. Sie meint, sie habe die Pflicht zu bleiben. Und mein Sohn will seine Mutter nicht alleine lassen. Ich habe beide bekniet mitzukommen, aber keine Chance."

„Und jetzt, wie sieht es mit dir aus? Kommst du mit oder würdest du lieber hier bleiben?"

„Wenn ich ehrlich bin, würde ich lieber hier bleiben, auch wenn das unter den gegebenen Umständen die falsche Entscheidung ist. Auf der anderen Seite werdet ihr mich brauchen."

„Toby, wenn du bleiben willst, dann bleib bei deiner Familie. Wir werden das alles schon irgendwie schaffen. In den nächsten Tagen soll auch Verstärkung aus Mainz kommen."

„Wenn ich jetzt mit euch gehe, können die beiden dann eventuell heute Abend oder irgendwann die nächsten Tage nachkommen, wenn sie es sich doch anders überlegen sollten?"

„Das ist doch keine Frage. Aber soll ich nicht noch mal mit ihnen sprechen? Mir wäre sehr viel wohler, sie würden sofort alle mitkommen, dann müssten wir uns darum nicht mehr kümmern, wenn es richtig gefährlich werden sollte."

„Nein, das bringt nichts. Du kennst meine Frau nicht. Wenn die sich entschieden hat, dann gibt es kein Zurück mehr."

„Lilo, was ist mit euch? Versprecht ihr mir, nachzukommen?"

„Ich spreche noch mal mit meinem Mann und meinem Jungen. Aber erstmal bleiben wir hier."

„Meine Familie will auch erstmal bleiben", sagt Fuyuko. „Aber ich komme mit euch. Ihr braucht mich doch und meine Kontakte. Oder?"

„Fuyuko, es liegt an dir. Klar sind wir ohne dich aufgeschmissen, aber das hier sind jetzt ganz persönliche Entscheidungen, die ihr treffen müsst. Ich bin überzeugt, dass wir alle gehen sollten, einfach weil die Situation immer weiter eskaliert und niemand weiß, wo das noch endet."

Schließlich packen Fuyuko, Toby, Jörg und ich unsere Sachen. Wir müssen uns konzentrieren, das ganze Equipment muss mit. Computerschnittplatz, Licht, die ganzen Kabel, Kamera, Ton, Akkus, Ladegerät. Wir müssen uns in Osaka ein kleines Studio aufbauen. Während Toby, Jörg und ich alles zusammensuchen, versucht Fuyuko ein Hotel in Osaka zu finden. Das ist schwer, die meisten sind ausgebucht. Viele Ausländer haben sich schon nach Osaka abgesetzt, manche Firmen haben dort ein provisorisches Büro aufgebaut, nachdem sie Tokio in den letzten Tagen verlassen hatten.

„Das Flughafen-Hotel hat noch Zimmer!" ruft Fuyuko.

„Wir brauchen mindestens fünf für heute. Je eines für uns und dann ein größeres, das wir als kleines Studio nutzen können. Wenn es geht, dann reservier doch bitte auch gleich noch vier für morgen. Morgen Vormittag sollen die Kollegen aus Mainz landen."

Die Straßen auf dem Weg zum Flughafen Haneda sind genauso leer wie die Straßen in der Stadt. Keine Anzeichen von Panik. Reagieren wir übertrieben? Ist alles vielleicht doch nicht so schlimm? Auf jeden Fall reagieren wir Deutsche ganz anders auf die Katastrophe als die Japaner. In Deutschland sind mittlerweile angeblich die Geigerzähler ausverkauft. Das muss man sich mal vorstellen, 10.000 Kilometer von Fukushima entfernt! Überall in Deutschland Anti-Atomkraftdemos und die Bundeskanzlerin und der bayerische Ministerpräsident, die vor einem halben Jahr noch die Laufzeiten für die Alt-Atomkraftwerke verlängert haben, wollen die jetzt erstmal stilllegen. Alles völlig unvorstellbar hier in Japan. Aber egal. Wir müssen unsere Entscheidungen hier vor Ort treffen – zwischen beiden Extremen. Nein, es ist richtig, dass wir erstmal Distanz gewinnen. Wir müssen unsern Kopf frei bekommen und versuchen herauszufinden, was sich da in Fukushima gerade wirklich abspielt. Bislang, soviel steht fest, wird es immer schlimmer.

Auf dem Flughafen plötzlich ein völlig anderes Bild. Die Check-In-Halle brechend voll. Lange Schlangen an den Schaltern. Erst fällt es uns nicht auf, sehen wir nur voller Staunen die Massen, die sich durch die Halle schieben, aber dann meint Jörg: „Schau mal, das sind alles Familien mit kleinen Kindern." Stimmt, so viele Kinder habe ich noch nie am Flughafen gesehen.

„Bringen die ihre Kinder in Sicherheit?"

„Ihr könnt ja mal fragen, ich schmeiß in der Zwischenzeit die Kamera an", sagt Toby.

Und tatsächlich. Alle Eltern, die wir ansprechen, erzählen uns, dass sie ihre Kinder in Sicherheit bringen würden, meist zu Verwandten im Süden. Wenn sie es sich beruflich leisten können, fliegen die Eltern mit, sonst lassen sie die Kinder alleine reisen. Kinderlandverschickung. Ein Vater erzählt uns, sein Arbeitgeber habe ihm gedroht, dass er seinen Job verlieren würde, wenn er ginge. Er habe dann gekündigt und sei mit Frau und den beiden Töchtern zum Flughafen gefahren. Sie müssten sich jetzt noch ein Ticket besorgen, irgendwohin in den Süden. Sie hätten dort unten leider keine Verwandten.

Also doch. Es gibt sie, die Japaner, die sich ernsthaft Sorgen machen. Die mit kleinen Kindern sind vielleicht sensibler als die anderen. Mein Mobiltelefon klingelt, reißt mich aus den Gedanken an meine Kinder. Die Nachrichtenredaktion in Mainz ist dran. Wieso jetzt? Da ist es doch erst halb vier morgens?

„Hallo Johannes, könnt Ihr uns was zu dem Brand in Reaktor 4 sagen?"

„Oh mein Gott, nein, was ist passiert? Wir sind gerade auf dem Weg nach Osaka."

„Der Premierminister ist gerade vor die Presse gegangen und hat gesagt, dass in Reaktor 4 ein Feuer ausgebrochen ist und dort deutlich erhöhte Radioaktivität gemessen wurde. Dann hat er alle Menschen, die sich im 20-Kilometerradius rund um das Atomkraftwerk befinden, aufgefordert, das Gebiet zu verlassen. Alle Menschen im Umkreis von 20 bis 30 Kilometern sollen in ihren Häusern bleiben. Und Edano hat gesagt, dass in Fukushima radioaktive Strahlung ausgetreten sei, die ein gesundheitsgefährdendes Maß erreicht habe, und dass man befürchte, dass weitere Strahlung austreten werde."

Wie kann das alles sein? Jetzt schon der vierte Reaktor, der Strahlung freisetzt. Die haben nichts im Griff. Das Schiff geht unter. Aber halt. Wieso Reaktor 4? Ich dachte, der sei wegen einer Inspektion abgeschaltet?

Jörg, Fuyuko und ich hängen uns ans Telefon. Schnell wird klar, dass die Brennelemente wegen der Inspektion aus dem Reaktorkern in ein sogenanntes Abklingbecken gebracht worden waren, um dort weiter gekühlt zu werden. Aber auch hier ist irgendwann nach dem Beben die Kühlung ausgefallen. Das Wasser im Abklingbecken fängt an zu kochen und verdampft. Die Brennelemente erhitzen sich immer weiter, und auch hier wird dadurch Wasserstoff erzeugt. Das Problem aber bei Reaktor 4 ist, dass die Brennstäbe mehr oder weniger freiliegen und nicht wie im Reaktorkern von einem Sicherheitsbehälter umgeben sind. Was genau in Reaktorblock 4 passiert ist, ist noch nicht endgültig geklärt. Fest steht offenbar nur, dass es auch hier eine Wasserstoffexplosion gab, die das Reaktorgebäude schwer beschädigt hat. Danach beginnen Teile des Gebäudes zu brennen. Die japanische Regierung bittet die eigenen Streitkräfte und die der USA, den Brand zu löschen. Die Amerikaner haben mittlerweile angeblich Spezialisten vor Ort, die die immer hilfloser wirkenden japanischen Rettungskräfte unterstützen.

Nach einem kurzen Telefoninterview mit der Nachrichtenredaktion gehen wir durch die Sicherheitsschleuse. Die letzte Meldung, die wir vor dem Einsteigen in das Flugzeug gerade noch mitbekommen, besagt, dass in Kanagawa bei Tokio kurzfristig eine erhöhte Strahlenbelastung gemessen wurde, die den Normalwert um das Neunfache übersteigt.

Osaka

DER FLUG WAR die reinste Entspannung. Eine Stunde dösen, kein Telefon und irgendwie das gute Gefühl, Abstand zu den Atomkraftwerken im Norden zu gewinnen. Augen zu. Der Flug vergeht im Schlaf. Leider nur eine Stunde.

Am Flughafen-Hotel stehen wir dann mit unserem ganzen Gepäck, unserer Technik in einer Schlange vor der Rezeption. Zum Glück haben wir schon heute Vormittag reserviert. Auch hier viele Familien mit Kindern. Im Fahrstuhl erzählt uns ein Franzose mit seiner japanischen Frau und seinem Baby, dass er umgerechnet etwa 10.000 Euro ausgegeben habe, um aus Japan rauszukommen. Heute eine Nacht in Osaka, morgen ginge es dann weiter nach Frankreich. Ob sie zurückkommen würden, wüssten sie noch nicht. Alles offen.

Wir richten uns als erstes unser Behelfsstudio ein, schließen die Computer an, bauen eine Live-Position auf. Die Meldungen, die aus Tokio und Fukushima kommen, werden immer beunruhigender. Die Strahlenbelastung steigt weiter. 100 Kilometer nördlich von Tokio wird jetzt eine zehnfach über dem Normalwert liegende Radioaktivität gemessen. Auch in Tokio selbst steigt die Strahlung. Die sei aber nicht gesundheitsgefährdend, sagen die Behörden. Aber die sagen in diesen Tagen viel. Und es deutet sich langsam immer klarer an, dass Japan möglicherweise nach Erdbeben-, Tsunami- und Atomkatastrophe auf eine vierte Katastrophe zusteuert. Nach den Meldungen über die Explosionen am Morgen, den Evakuierungsaufrufen und den stetig steigenden Strahlenwerten kommt es zu Panikverkäufen am japanischen Aktienmarkt. Bis zum Nachmittag verliert der Aktienindex Nikkei zeitweise bis zu 14 Prozent. Nach den umgerechnet etwa 100 Milliarden

Euro gestern, pumpt die japanische Notenbank heute noch mal 70 Milliarden in den Markt, um den Zusammenbruch zu verhindern. Japan geht in die Knie. Wir müssen uns darum kümmern, was das für die Wirtschaft hier bedeutet, aber auch für die Weltwirtschaft. Denn Japan ist einer der größten Exporteure, liefert nicht nur Autos, Spielkonsolen und Kameras in die ganze Welt, sondern auch jede Menge elektronische Bauteile, die dann wieder in Produkte in Deutschland, den USA oder China eingebaut werden. Aber für solche Recherchen haben wir im Moment noch keine Zeit und schon gar nicht die Ressourcen. Noch dreht sich alles um die Lage in Fukushima. Die 7. Marineflotte der US-Streitkräfte meldet auf ihrer Internetseite, dass bei 17 ihrer Soldaten, die sich im Tsunamigebiet im Rettungseinsatz befunden hätten, erhöhte radioaktive Strahlenwerte festgestellt worden seien. Ursache seien radioaktive Wolken, die aus dem Atomkraftwerk in Fukushima aufsteigen würden. Die erhöhte Radioaktivität hätten die Soldaten aber mit Wasser und Seife wegwaschen können. Sie sei nicht gesundheitsgefährdend gewesen. Die Internationale Atomenergiebehörde IAEO teilt mit, die radioaktive Strahlung rund um das Atomkraftwerk läge nach Angaben der japanischen Regierung derzeit bei 400 Millisievert die Stunde. Keine Angaben aber dazu, was das bedeutet. Gleichzeitig warnt in Tokio die Regierung vor Hamsterkäufen wegen der Atomkatastrophe. Ein solches Verhalten könne die Versorgung der Opfer in der Tsunami- und Erdbebenregion gefährden.

Es kommt also zu Hamsterkäufen. Langsam scheinen auch die Japaner die Nerven zu verlieren. Kein Wunder. Gerade tritt wieder Yukio Edano vor die Kameras. Die Kühlung in den Reaktorblöcken 5 und 6 würde jetzt auch nicht mehr einwandfrei funktionieren, sagt er. Vier Reaktorblöcke sind schon explodiert und jetzt haben wir noch zwei, die Probleme haben. Fatalismus macht sich bei uns breit. Na, dann sind es halt noch zwei Reaktoren mehr, die uns um die Ohren fliegen. Eine Nachricht, die noch vor zwei Tagen die ganze Welt in Aufregung versetzt hätte, schockiert nicht mehr so recht. So ist es halt.

„Jörg, übernimmst du die Frühschicht? Ich übernehme dann die Nachtschicht. Ich kann absolut nicht mehr. Ich falle gleich um."

Auf dem Weg ins Zimmer sausen mir tausend Zahlen durch den Kopf und die Einheiten, in denen sie gemessen werden – Millisievert, Becquerel und Mikrosievert. Aber was diese Zahlen wirklich bedeuten, bleibt mir, bleibt uns verborgen. Ab wann genau wird es gefährlich? Wie hoch darf die Strahlung sein und wie lange darf man sich ihr aussetzen, bevor man krank wird? Auch das müssen wir bald mal klären. Später. Jetzt muss ich die Gelegenheit nutzen. Wie ich mich auf mein Bett freue! Augen zu und weg. Ich bitte die Rezeption noch um einen Weckruf für 22 Uhr – fünf Stunden Schlaf, herrlich! Und schon dämmere ich dahin.

Jeder, der tagelang nicht richtig geschlafen hat, weiß, wie schnell und schön das Einschlafen ist und wie hart das Aufstehen. Die Augen geschwollen, der Mund trocken, jede Faser des Körpers weigert sich, das Unaufhaltsame zu akzeptieren. Noch einmal umdrehen, Augen schließen, nein, ich muss mich zusammenreißen. Ich muss Jörg ablösen, der hat seit mehr als 36 Stunden praktisch kein Auge zugemacht. Ich muss jetzt rüber, raus aus dem Bett, schnell duschen und die Wäsche in den Wäschesack. Endlich kann ich meine Klamotten waschen lassen. Ich war nicht auf einen so langen Aufenthalt vorbereitet. Zum Glück gibt es noch kein Geruchsfernsehen.

Jörg hängt fürchterlich in den Seilen. Große schwarze Ränder unter den Augen, Bartstoppeln sprießen aus dem verschwitzten Gesicht. Die letzten Stunden hat er auf einem Stuhl im Hotelzimmer verbracht und nach Deutschland geschaltet. Fuyuko, die später von ihrer Tochter Minami abgelöst wurde, hat versucht, die Lage, die sich dauernd verschlechtert und verändert, im Blick zu behalten. Fuyukos Familie, ihr Mann Katsu und ihre Tochter Minami, hatten sich dann doch noch entschieden, uns nach Osaka zu folgen, als die ersten erhöhten Strahlenwerte in Tokio gemessen wurden.

Wir machen ein kurzes Übergabegespräch und danach stellt sich die Lage, jetzt um 23:00 Uhr Ortszeit, etwa so dar: Die Strahlung pro Stunde rund um die angeblich havarierten Reaktoren übersteigt mittlerweile den Jahres-Grenzwert für „Normalbürger" um das 400-Fache. Tepco, die Regierung und auch die Internationale Atomenergiebehörde sprechen von einer sehr schlimmen, sehr ernsten Lage. In Tokio ist die Strahlung jetzt schon 22-mal höher als üblich. Angeblich keine Gefahr für die Gesundheit, aber die Tendenz zeigt nach oben. Schnee und Regen sind angekündigt, Temperaturen deutlich unter Null. Es bläst ein frischer Nordostwind Richtung Tokio, der später aber wieder aufs Meer hinaus drehen soll. Besonders dramatisch scheint die Situation derzeit in Block 4 zu sein. Die Brennstäbe im Abklingbecken können nicht gekühlt werden. Weil Teile des Dachs eingestürzt sind, gibt es jetzt die Überlegung, Hubschrauber zu nutzen, die Wasser über dem Reaktor abwerfen sollen. Meine Güte, das klingt nach purer Verzweiflung. Ein Atomkraftwerk aus der Luft kühlen mit Wasser, das aus Hubschraubern abgeworfen wird, um eine Kernschmelze und eine unkontrollierte Kettenreaktion zu verhindern, die ganze Landstriche verseuchen könnte. Immer wieder müssen die Arbeiter das Gelände verlassen, weil die Strahlung lebensbedrohlich wird. Bis auf 50 Leute hat Tepco alle abgezogen. Die „Fukushima 50" werden sie ehrfurchtsvoll ab jetzt genannt. Das letzte Aufgebot, das Japan vor dem Untergang retten soll. Aber die Art und Weise, wie diese „Helden" von Tepco behandelt werden, wird später einmal mehr deutlich machen, mit welcher Arroganz und Menschenverachtung dieser Konzern in den vergangenen Jahrzehnten zu einem der größten und wichtigsten Konzerne Japans wurde. Während die Reaktoren vollständig außer Kontrolle geraten, wird auch die internationale Gemeinschaft immer nervöser. Die französische Atomaufsicht stuft den Unfall in Fukushima mittlerweile auf der INES-Skala bei 6 ein. Eine Stufe unter Tschernobyl. Japan selbst aber bleibt dabei, dass es sich nur um einen Unfall der Stufe 4 handelt. Wenn man die Bilder von den explodierten Reaktoren sieht, fragt man sich allerdings, ob die hier alle von der gleichen Skala reden.

Auch die großen internationalen Unternehmen nehmen eine eigene Risikoabschätzung vor, unabhängig von den Werten, die Tepco und die japanische Regierung veröffentlichen. Offensichtlich haben viele das Vertrauen in die veröffentlichten Informationen verloren. Lufthansa, KLM und Swiss zum Beispiel fliegen Tokio nicht mehr an, sondern leiten ihre Flüge nach Osaka oder Nagoya um. Mehr und mehr große Touristikveranstalter sagen ihre Reisen nach Japan ab. Immer mehr Unternehmen evakuieren ihre Mitarbeiter oder zumindest deren Angehörige. Auch viele Staaten wollen ihre Staatsangehörigen aus Japans Norden evakuieren, schicken Busse, manche auch Flugzeuge. Tokio sei sicher, heißt es von offizieller japanischer Seite. Aber selbst die, deren Job es eigentlich ist, zu deeskalieren, die Diplomaten, fangen an, dem Braten nicht mehr so recht zu trauen. Als erste verlegen die Österreicher ihre Botschaft nach Osaka. Andere werden folgen – auch die Deutschen. Die deutsche Botschaft hat am Flughafen in Osaka schon eine Konsularstelle eingerichtet. Deutsche, die außer Landes wollen, aber ihre Dokumente durch Beben und Tsunami verloren oder einfach nur auf der Flucht vor der Strahlung vergessen oder verloren haben, können hier provisorische Dokumente bekommen. In Deutschland erwägt derweil die hessische Landesregierung,

Rückkehrern aus Japan eine Strahlenuntersuchung anzubieten. Der Flughafen Frankfurt bietet allen Fluggesellschaften, die aus Japan kommen, an, ihre Flugzeuge auf Radioaktivität zu untersuchen. Die Lufthansa ist schon dabei.

Durch die ganze Berichterstattung über die Situation in Fukushima verlieren wir die Situation der Menschen in der von Tsunami und Erdbeben völlig zerstörten Region aus den Augen. Mittlerweile rechnen die Behörden mit weit mehr als 10.000 Toten. Oft werden Dutzende, manchmal Hunderte Leichen mit der eingehenden Flut an die Strände gespült. Die, die sich retten konnten, sind jetzt in 2700 Notunterkünften, meist Turnhallen oder Gemeindezentren, untergekommen. 440.000 Menschen sollen dort jetzt leben. Oft gibt es dort keinen Strom, vielerorts offenbar auch kein Öl, kein Benzin mehr. Die Heizungen funktionieren nicht und das bei Temperaturen bis zu minus 8 Grad. Lebensmittel und Wasser würden knapp, heißt es. Japan kämpft an allen Fronten.

Mittwoch, 16. März 2011

FÜR UNS ABER ist zum ersten Mal seit Tagen Entlastung in Sicht. Diese Nacht müssen wir noch durchhalten. Gegen neun am Morgen kommen drei Kollegen zur Verstärkung. Kamera, Produktion und Timm Kröger, ein Kollege aus dem Reporterpool aus Mainz. Timm und die Kollegen gehören, wenn man so will, zur schnellen Eingreiftruppe unseres Senders. Tim kommt gerade von einem Einsatz in Libyen zurück. Die Verstärkung bedeutet für uns hier nicht nur, dass wir hoffentlich regelmäßiger zum Schlafen kommen, sondern vor allem mehr Zeit, um uns zu überlegen, wie es hier weitergehen soll. Klar ist, dass wir in den Norden müssen. Klar ist aber auch, dass ich keinen meiner Kollegen aus Show-Gründen der Gefahr einer radioaktiven Verstrahlung aussetzen werde. Nur damit wir in Deutschland im medialen Konkurrenzkampf sagen können, „schaut mal her, wo wir sind – wir sind ganz nah dran", werde ich niemanden da hoch schicken. Das bin ich auch den Familien daheim schuldig. Und wenn wir doch fahren sollten, um uns vor Ort endlich auch mal ein eigenes Bild über das Ausmaß der Katastrophe machen zu können, dann müssen folgende drei Kriterien erfüllt sein:

Erstens muss die Geschichte einen journalistischen Mehrwert haben, das heißt, nur um die Zerstörung in der Tsunamiregion zu drehen, fahren wir da nicht hin. Solche Bilder laufen seit Tagen rund um die Uhr.

Zweitens müssen wir nicht nur wissen, wie wir dort hinkommen, sondern auch, wie wir wieder zurückkommen, sollte es ganz ernst werden.

Und drittens brauchen wir Schutzausrüstungen zu unserer Sicherheit. Die bringen die Kollegen heute schon mal mit. Geigerzähler, die man sich um den Hals hängen kann und die mit einem Piepton warnen, wenn die Strahlung ein gefährliches Level erreicht, weiße, reißfeste Papier-Anzüge, die radioaktive Partikel davon abhalten sollen, in direkten Kontakt mit dem Körper zu kommen, und Atemmasken, die verhindern sollen, dass wir radioaktiven Staub einatmen. Gut, das ist also schon mal geklärt. Aber die Nachrichten, die an diesem Mittwochmorgen aus Fukushima kommen, sprechen nicht gerade für einen Kurzausflug in den Norden. Ein neuer Brand in Reaktorblock 4 wird gemeldet. Die US-Streitkräfte lassen eine unbemannte Drohne über das Gelände des Atomkraftwerks fliegen. Die Aufnahmen zeigen ein Gelände, das einem Schrottplatz gleicht. Die Strahlung steigt immer weiter. Ständig werden neue, höhere Werte gemeldet. Jetzt am Vormittag sind es 1000 Millisievert pro Stunde, aber was sagt schon eine solche Zahl dem Laien. Immerhin ist sie so hoch, dass Yukio Edano verkünden muss, die Bewässerung zur Kühlung der sich aufheizenden Reaktoren sei vorübergehend eingestellt worden, alle Rettungskräfte seien aus Sicherheitsgründen abgezogen worden. Das bedeutet aber doch wohl, dass, wenn die Reaktoren nicht weiter gekühlt werden, es dazu kommen kann, dass möglicherweise auch die Sicherheitsbehälter in Block 1 und 3 platzen werden. Das aber würde zu einer noch höheren Strahlenbelastung führen und möglicherweise eben auch zu einer erheblichen Freisetzung von Plutonium aus Reaktorblock 3. Wenn die Arbeiter aber weiter versuchen zu kühlen, werden sie vielleicht sterben oder zumindest stark verseucht. Was für grauenhafte Alternativen.

Mittlerweile hat es in der Region rund um das Atomkraftwerk angefangen zu schneien.

Fuyuko kommt zu mir und meint, dass sich die Stimmung in Japan langsam verändern würde. Die Menschen, besonders aus den betroffenen Regionen, hätten die Schnauze voll, vor allem von Tepco. Gerade sei der Bürgermeister von

Minamisoma in den Frühnachrichten per Telefon interviewt worden. Minamisoma liegt zur einen Hälfte in der 20-Kilometer-Evakuierungszone nördlich des Atomkraftwerks Fukushima 1 und zur anderen Hälfte in der 30-Kilometer-Zone, in der die Menschen ihre Häuser nicht mehr verlassen sollen. Katsunobu Sakai, so heißt der Bürgermeister, ruft, fleht, bittet um Hilfe für seine Stadt, die erst durch das Beben und dann durch den Tsunami schwer zerstört wurde. Jetzt droht ihr auch noch die atomare Verseuchung. „Wir halten nicht mehr lange durch“, sagt er, „uns fehlen Lebensmittel, Wasser und Öl zum Heizen.“ Hilfslieferungen seien an der Grenze zur Schutzzone gestoppt worden, andere kämen nicht an, weil sich viele Fahrer mittlerweile weigern würden, in die Gefahrenzone hineinzufahren. Sie sollten doch selber kommen und das Öl abholen, hätte man ihnen gesagt. Auf der anderen Seite aber fordert der Premierminister wegen der hohen Strahlung die Menschen auf, in den Häusern zu bleiben. Und überhaupt, die ganze Informationspolitik sei ein völliges Chaos. Niemand würde mit ihnen sprechen, ihnen sagen, was wirklich los ist, nicht die Regierung, nicht Tepco.

Wer ist Tepco?

Auf ihren Pressekonferenzen verstecken sich die Tepco-Verantwortlichen hinter immer neuen Bergen an Zahlen und Werten, die, wenn überhaupt, nur von Experten gedeutet und verstanden werden können. Die Öffentlichkeit hat davon nichts. Wir gewinnen den Eindruck, dass sie mit diesem Zahlenwirrwarr etwas verschleiern wollen.

Was ist das eigentlich für ein Konzern? Diese Tepco-Leute sind mir nicht ganz geheuer. Die lassen den Premierminister aus dem Fernsehen erfahren, dass ihre Reaktoren explodieren, wollen dann mitten in der Katastrophe das Atomkraftwerk aufgeben und sich verdrücken, nach dem Motto ‚nach uns die Sintflut'. Und jetzt quatschen sie uns dauernd mit Zahlen voll, die kein normaler Mensch versteht, anstatt uns und den Leuten da oben rund um das Atomkraftwerk mal klar zu sagen, was Sache ist. Mit Fuyukos Hilfe kommt relativ schnell Licht ins Dunkel. Tepco ist einer der größten Energiekonzerne der Welt, versorgt im Großraum Tokio etwa 45 Millionen Menschen mit Energie und setzt dabei 35 Milliarden Euro um. Tepco ist hervorgegangen aus einem staatlichen, regionalen Energieversorger. Vor dem Zweiten Weltkrieg hatte die japanische Regierung alle Stromerzeuger verstaatlicht und zu regionalen Monopolisten zusammengefügt. Heute ist Tepco zwar privatisiert, aber das regionale Monopol besteht noch immer. Tepco sei das Synonym für das, was man hier in Japan das „Atomdorf" nennen würde, meint Fuyuko.

„Atomdorf? Was ist denn das schon wieder?"

„Das ist eine Art informeller Zusammenschluss der Eliten aus Wirtschaft, Politik, Wissenschaft und Aufsichtsbehörden, aber auch der Medien, die sich alle gegenseitig mehr stützen als kontrollieren, die voneinander profitieren. Angefangen hat das alles in den 60ern."

Japans Aufstieg zur Wirtschafts-Weltmacht nach dem Zweiten Weltkrieg wurde generalstabsmäßig vom mächtigen Industrieministerium METI organisiert. Die Stromkonzerne wurden zu Organen der Industriepolitik. Als regionale Monopolisten brauchten sie dafür aber keinen Wettbewerb fürchten. Der Traum des japanischen Establishments war und ist es, das exportabhängige Japan unabhängig von Energielieferungen aus dem Ausland zu machen. Schon kurz nach dem Zweiten Weltkrieg, 1954, setzt Japan auf Atomenergie – ausschließlich zur friedlichen Nutzung. Der erste Reaktor entsteht nach britischem Design Anfang der 60er-Jahre in Tokai, nördlich von Tokio. Der Großteil der heute 54 Reaktoren aber geht in den 70er- und 80er-Jahren ans

Netz. Auf Atomenergie zu setzen, hatte für das Industrieministerium gleich zwei Vorteile: Erstens machte das unabhängiger von Energieimporten und zweitens konnte die aufstrebende Industriegroßmacht mit ihren Industriegiganten wie Hitachi, Toshiba oder Mitsubishi später japanische Atomanlagen wieder exportieren. Der erste Siedewasserreaktor aber kam aus Amerika von General Electric. Es ist der Reaktor in Block 1 in Fukushima. Japan, das Land, das zwei Atombombenabwürfe erlebt hat und das geologisch kaum ungeeigneter für den Bau von Atomkraftwerken sein könnte, setzt voll auf Atomkraft. Japan ist praktisch aus Erdbeben entstanden, ist eine der aktivsten Erdbebenregionen der Erde, ist das einzige Land auf der Welt, das jemals durch das atomare Feuer eines Atombombenabwurfs gegangen ist. Der Trick, den sich das „Atomdorf" ausgedacht hat, besteht nun darin, in „gute", sichere und „böse", schlechte Atomkraft zu unterscheiden. Im Japanischen gibt es zwei Worte für Atom(kraft). Japaner sagen, beim Wort „kaku" schwinge immer die Nuance „Atomwaffe" mit, während „genshiro" für die „gute", die saubere und ungefährliche Atomkraft zur Energiegewinnung stehe. „Genshiro" steht am Anfang des japanischen Wortes für Atomkraftwerk.

Dass sich an dieser Unterteilung in „gute" und „schlechte" Atomenergie nichts ändert, dafür hat das „Atomdorf" gesorgt, durch Propaganda, Lügen und Vertuschung.

Wer mitspielt, profitiert. Tepco ist einer der größten Werbekunden, sponsert Nachrichtensendungen bei verschiedenen Fernsehanstalten, ist seit Jahrzehnten einer der größten Parteispender der konservativen LDP. Beamte aus den Ministerien und Aufsichtsbehörden wechseln nach Ende ihrer Beamtenlaufbahn oft auf lukrative Stellen in die Energiekonzerne, auch bei Tepco. Für diese „Job-Rotation" hat sich sogar ein eigener Begriff im Japanischen entwickelt: „Amakudari" – „vom Himmel herabsteigen".

Wohin diese gegenseitigen Abhängigkeitsverhältnisse in dieser Hochrisikoindustrie führen können, hat im Jahr 2000 ein ehemaliger amerikanischer Kraftwerkstechniker japanischer Herkunft offenbart. Kei Sugaoka hatte 1989 als Angestellter der Herstellerfirma General Electric das Atomkraftwerk Fukushima 1 inspiziert. Er stellte große Risse am Dampftrockner fest und dass das Gerät falsch eingebaut war. Er informierte seine Vorgesetzten, dann passierte erst mal tagelang nichts. Schließlich kam eine Anweisung seines Chefs bei General Electric, die er so nicht erwartet hatte. Sugaoka wurde angewiesen, aus dem Inspektionsvideo die Stellen herauszuschneiden, auf denen die Risse zu sehen sind. Unter den Augen von zwei Tepco-Leuten hätten er und sein Team das dann getan, gibt Sugaoka zu Protokoll. Als Sugaoka 1998 gefeuert wird, schreibt er einen Brief an die japanische Atomaufsicht und unterrichtet sie über das, was damals geschehen ist. Rache war sein Motiv. Zunächst passiert nichts, Sugaoka schreibt weiter. Die Affäre zieht langsam Kreise, bis sie nicht mehr unter dem Deckel zu halten ist. Der Skandal erschüttert Japan. Niemand hatte geglaubt, dass so etwas möglich wäre. Doch es kommt noch viel schlimmer. Während der Untersuchung kommt heraus, dass Tepco über 16 Jahre lang Wartungs- und Reparaturberichte gefälscht hatte. Der Vorstand kommt nicht umhin, die Fälschungen zuzugeben und tritt 2002 zurück. Doch zu einem Mentalitätswechsel bei den Tepco-Verantwortlichen führt das nicht. Das Vertuschen geht weiter. Warum auch nicht? Jahrzehntelang hat das schließlich funktioniert.

Jetzt, während ein Reaktorblock nach dem anderen explodiert, kommt heraus, dass Tepco seit dem Vorstandswechsel 2002 sechs Notabschaltungen und eine mehr als siebenstündige kritische Reaktion in Reaktorblock 3 allein im Atomkraftwerk Fukushima 1 verschwiegen hat. Immer wieder hatten sich Tepco-Mitarbeiter an die Atomaufsichtsbehörde gewandt und über schwere Mängel geklagt. Aber die NISA unternahm nichts. Nein, das ist nicht ganz richtig. Sie unternahm doch etwas, sie teilte Tepco die Namen der kritischen Mitarbeiter mit. Tepco konnte sich immer sicher sein, dass das „Atomdorf" schon zusammenhält. Mit welch selbstgefälliger Arroganz Tepco seit Jahrzehnten seine Atomkraftwerke betrieb und betreibt, wird jetzt während der Krise immer deutlicher. So hatten kritische Experten des „Citizens Nuclear Information Centers" jahrelang davor gewarnt, dass Japans Atomkraftwerke nicht wirklich für ein großes schweres Erdbeben, den „Big Bang", gerüstet seien, dass auch die Gefahr von Tsunamis völlig unterschätzt werde. Die Schutzwälle seien zu niedrig, um eine Riesenwelle aufzuhalten, die durch den Big Bang ausgelöst werden könnte. Aber solche Warnungen treffen bei den Betreibergesellschaften und Aufsichtsbehörden auf taube Ohren. Höchstens 5,70 Meter würde ein Tsunami bei einem schweren Beben in Fukushima erreichen, hatte Tepco ausgerechnet. Der sechs Meter hohe Schutzwall vor dem Atomkraftwerk würde also genügen. Dass eine 14 Meter hohe Flutwelle wie am 11. März 2011 auf das Atomkraftwerk zurollen könnte, darauf war man nicht vorbereitet. Notstromaggregate und Batterien, die den Strom für die Notkühlung liefern sollen, liegen viel zu tief, werden überspült und fallen aus. Einer der Hauptgründe für die jetzige dramatische Situation. Aber katastrophale Unfälle waren im Katastrophenplan von Tepco sowieso nicht wirklich vorgesehen. „Die Wahrscheinlichkeit, dass ein ernster Unfall eintritt, ist so gering, dass sie vom Ingenieursstandpunkt praktisch ausgeschlossen ist", heißt es in Tepcos Katastrophenplan. Lediglich 50 Strahlenschutzanzüge sind für den Notfall vorgesehen.

„Und diese Truppe soll jetzt Japan retten? Besonders vertrauenerweckend scheinen die mir aber nicht."

„Ja, und da gibt es noch ein Problem", meint Fuyuko. „Die Arbeiter, die sie in den Atomkraftwerken beschäftigen, sind meistens sehr schlecht bezahlte und wenig qualifizierte Leiharbeiter, die von Sub-Subunternehmen kommen. Alles ist auf niedrige Kosten und hohen Gewinn ausgerichtet. Viele Kritiker sagen, Tepco selbst habe praktisch keine Ahnung von den eigenen Reaktoren. Die einfachen Arbeiter und die Spezialisten kämen meist von externen Firmen."

Wie sich Wochen später herausstellen wird, ahnte Japans wichtigster Verbündeter, die USA, schon am Tag nach dem Beben, dass Tepco die Lage in seinem Atomkraftwerk in Fukushima nicht wirklich im Griff hatte. Die sich von Anfang an widersprechenden Informationen veranlassen den Kommandanten der US-Pazifikflotte schon am 12. März, im Namen des Weißen Hauses konkrete Informationen über den Zustand in Fukushima zu verlangen. Die Amerikaner verlangen vom japanischen Premierminister, die Stabilisierung der Reaktoren nicht Tepco alleine zu überlassen, schreibt eine japanische Zeitung Wochen später, und bieten an, eigene Strahlenexperten zu schicken. Doch die japanische Regierung lehnt ab. Auch vor möglichen Wasserstoffexplosionen hätten die USA schon am 12. März gewarnt, heißt es, und sie hätten damit gedroht, alle US-Bürger aus Japan zu evakuieren, wenn nicht schnell und entschlossen gehandelt werden würde.

Doch diese Informationen haben wir heute, am 16. März, noch nicht. Wir ahnen nur, dass etwas gar nicht mehr stimmt, als verschiedene Meldungen aus den USA kommen. In einer Anhörung vor dem Kongress äußert sich der amerikanische Energieminister Steven Chu höchst unzufrieden mit der japanischen Informationspolitik. „Wir hören widersprüchliche Berichte darüber, was genau in den verschiedenen Reaktoren passiert, die nun in Gefahr sind", sagt er den Kongressabgeordneten. Die USA empfehlen eine Evakuierungszone von 80 Kilometern rund um das Atomkraftwerk. Der Sprecher des Weißen Hauses wird mit den Worten zitiert: „Auf Basis unserer Analyse ist es das, was wir tun würden, wenn sich dieser Vorfall in den USA ereignen würde."

Es sieht ganz offensichtlich so aus, als würden die USA den japanischen Angaben kein Vertrauen mehr schenken.

Damit sind die USA aber nicht alleine. Die französische Regierung fordert ihre Landsleute in Japan jetzt auf, das Land zu verlassen oder sich in den Süden Japans zu begeben. Zwei Maschinen der französischen Fluggesellschaft Air France seien bereits auf dem Weg, um bei der Evakuierung zu helfen. Die japanische Regierung aber bleibt dabei. Evakuierungen nur bis 20 Kilometer. Bis 30 Kilometer sollen die Leute in ihren Häusern bleiben. Es gebe keine Pläne, die Evakuierungszone auszuweiten. Eine Gefahr für die Gesundheit der Menschen in einem erweiterten Umkreis gebe es nicht. Gleichzeitig aber wirken die Rettungsmaßnahmen immer verzweifelter. Über die Bildschirme flattern Bilder von japanischen Militärhubschraubern, die, ähnlich wie bei einer Waldbrandbekämpfung, Wasser zur Kühlung über den Reaktoren abwerfen sollen. Doch die Flüge heute sind erst einmal nur Erkundungsflüge. Sie sollen Klarheit darüber bringen, wie hoch die Strahlung über den Reaktorblöcken ist, ob es überhaupt möglich ist, über die Reaktoren zu fliegen, ohne die Soldaten zu gefährden. Der Grenzwert radioaktiver Strahlung, den japanische Soldaten im Jahr absorbieren dürfen, liegt bei 100 Millisievert. Jetzt aber messen die Hubschrauberbesatzungen 250 Millisievert pro Stunde – zu hoch. Keine Löschflüge heute. Stattdessen soll die Polizei versuchen, mit Wasserwerfern bei der Kühlung zu helfen. Aber es gibt nur einen Wasserwerfer in der Nähe. Irgendwie kann das doch alles nicht mehr wahr sein, denken wir uns. Jetzt muss ein Wasserwerfer Japan retten. Das ist doch alles völlig absurd, was sich hier abspielt.

Und dann geht er auf einmal vor die Kamera, Kaiser Akihito. In einer Fernsehansprache wendet er sich an seine Mitbürger. Das ist mehr als ungewöhnlich und unterstreicht, wie ernst die Lage sein muss. Der Kaiser hat zwar keine Regierungsgewalt, aber er ist eine Art einendes Staatssymbol. In der Mehrheit der Bevölkerung genießt er hohes Ansehen, von vielen wird er regelrecht verehrt. Nur zweimal im Jahr, zu seinem Geburtstag und zum neuen Jahr, wendet er sich in einer Fernsehansprache an die Öffentlichkeit. Dass er sich jetzt, mitten in einer Katastrophe, an die japanische Nation wendet, ist etwas Besonderes. Das hat es so noch nie gegeben. Ganz Japan horcht auf, als er die Zahl der Toten in der vom Tsunami verwüsteten Region beklagt, die von Tag zu Tag größer wird. Er bete für die Sicherheit der Menschen, sagt er, und er hoffe, dass sich die Lage der Menschen bald wieder verbessere. Doch mit der Zurückhaltung eines japanischen Kaisers bereitet er die Bevölkerung auf harte Zeiten vor. Er spricht davon, dass die Rettungsarbeiten durch die Kälte und den Mangel an Wasser und Treibstoff erschwert würden, und dass die Lage im Kernkraftwerk Fukushima 1 unvorhersehbar sei. „Ich hoffe aufrichtig, dass wir verhindern können, dass sich die Situation verschlimmert", sagt er. „Aufrichtiges Hoffen" – damit macht der Kaiser der Bevölkerung auf einen Schlag klar, was sich die Regierung noch immer nicht zu sagen traut. Die Situation in Fukushima ist außer Kontrolle. Es bleibt nur Hoffen.

„Wenn sich der Kaiser so an die Öffentlichkeit wendet, dann steht es Spitz auf Knopf", meint Fuyuko. „Er ist die letzte moralische Instanz für viele hier."

Mit der Nachricht, dass man im Leitungswasser der Präfektur Fukushima Cäsium und Jod gefunden hat und dass sich nun auch noch das Abklingbecken in Reaktorblock 3 weiter aufheizt, geht dieser 16. März in Japan zu Ende.

Donnerstag, 17. März 2011

DIE NACHT HABEN wir wieder durchgearbeitet. Diese Zeitverschiebung um acht Stunden macht uns fertig. Vom letzten Schaltgespräch mit Deutschland gehen wir direkt zum Frühstück. Fuyukos Mann Katsu ist in der Nacht gekommen. Bei Kaffee, Miso-Suppe und Obst sprechen wir über die Lage in den Atomkraftwerken. Katsu war einmal in der Geschäftsleitung eines großen japanischen Technologie-Konzerns tätig, ist IT-Spezialist, mittlerweile pensioniert. Hin und wieder hält er Vorträge an verschiedenen Universitäten. Katsu ist ein eleganter, sportlicher und hochgebildeter Mann. Er hat in England und den USA studiert, spricht fließend Englisch, er hat die Welt gesehen. Jetzt sitzen wir am Frühstückstisch mit Fuyuko und Jörg, der nach ein paar Stunden Schlaf zwar wieder wach ist, aber noch ein bisschen verknautscht aussieht.

„Für wie gefährlich haltet ihr die Situation in Fukushima denn?“, fragt Katsu.

Die Frage irritiert mich. Berichten wir nicht die ganze Zeit darüber, dass da vier Reaktorblöcke explodiert sind, dass Kernschmelzen drohen oder schon stattgefunden haben, dass die Menschen dort oben evakuiert werden, die Kühlung der Reaktoren nicht funktioniert und selbst verzweifelte Versuche, sie aus der Luft zu kühlen, wegen zu hoher Strahlung noch nicht einmal unternommen werden konnten? Und jetzt fragt Katsu, dieser hochgebildete Mensch, für wie gefährlich wir die Situation halten?

„Na ja, für sehr gefährlich“, sage ich. „Das Strahlungspotential, meinen Experten, läge um ein Mehrtausendfaches über der Strahlung, die durch die Atombomben in Hiroshima und Nagasaki freigesetzt wurde. Sollte es also zu einer vollständigen Kernschmelze kommen und sich diese glühende und strahlende Masse durch die Sicherheitsbehälter in die Erde bis zum Grundwasser durchfressen, könnte es im allerschlimmsten Fall zu einer Dampfexplosion kommen. Dann nämlich, wenn der glühende Kern mit dem Grundwasser in Kontakt kommt und sich das Wasser in Sekundenbruchteilen ausdehnt, verdampft. Der Druck wird dann so groß, dass die Erde explodiert. Da sich das alles unter den Reaktoren abspielen würde, würden die in die Luft fliegen. Eine riesige Wolke aus radioaktiven Partikeln und radioaktiv verseuchtem Schrott würde dann in die Atmosphäre gelangen. Dann hängt es davon ab, wohin der Wind sie trägt. Bläst der Wind zu diesem Zeitpunkt aus Norden, dann könnte Tokio ein größeres Problem bekommen."

Ich spüre, dass Katsu mit dieser Antwort so nicht gerechnet hatte. Das kann doch nicht sein, denke ich mir. Wir diskutieren das doch schon seit Tagen. In Deutschland setzt sich die Bundeskanzlerin, die noch vor einem halben Jahr für die Laufzeitverlängerung der alten Atomkraftwerke gestimmt hatte, jetzt nach den Explosionen in Fukushima an die Spitze der Anti-Atomkraftbewegung, und hier in Japan fragt mich ein Mann von Welt, wie gefährlich das alles sei? Das „Atomdorf" hat ganze Arbeit geleistet, denke ich mir. Dass radioaktive Strahlung, egal ob aus einer Atombombe oder einem Atomkraftwerk, die gleiche verheerende Wirkung auf die menschliche Gesundheit haben kann, scheint aus dem kollektiven Bewusstsein hier in Japan wirklich völlig verdrängt worden zu sein. Das nenne ich erfolgreiche PR oder besser Propaganda. Eine Propaganda, die offensichtlich auch so intelligente Menschen wie Katsu nie wirklich hinterfragt haben. Aber das beginnt sich jetzt zu verändern.

„Also ein Vielfaches von Hiroshima und Nagasaki, was da freigesetzt werden könnte?"

„Ja, ich bin auch kein Experte, aber diese Information macht gerade die Runde."

„Wie wahrscheinlich ist es denn, dass es zu einer solchen Dampfexplosion kommen könnte? Was meinst du?"

„Katsu, ich habe keine Ahnung. Das Problem im Moment ist doch, dass niemand weiß, was sich genau in den Reaktoren abspielt. Zumindest sagt es uns niemand. Aber so, wie die Sache aussieht, müssen wir mit dem Schlimmsten rechnen. Mehr kann ich leider dazu auch nicht sagen."

Katsu aber reicht das. Fuyuko und er besprechen sich. Dann ruft Katsu seinen Sohn an, der in Tokio lebt, und bittet ihn, mit seiner Familie nach Osaka zu kommen, für ein paar Tage, bis hoffentlich etwas mehr Licht in die ganze Sache gekommen ist.

Dass die Lage sehr viel schlimmer ist, als die japanische Regierung, als Tepco zugibt, darüber spekulieren mittlerweile weltweit die Experten. So liegen nach Einschätzung der amerikanischen Atomregulierungsbehörde (NRC) die Brennstäbe im Abklingbecken des Reaktorblocks 4 vollständig frei. Man gehe davon aus, dass das Abklingbecken defekt sei, sagt NRC-Direktor Gregory Jaczko bei einer Anhörung im US-Kongress. „Wir glauben, dass die Strahlenbelastung extrem hoch ist", wird er zitiert. Und weiter: „Diese Strahlenbelastung könnte die Arbeiten zur Eindämmung der Krise beeinträchtigen." In Frankreich spricht der Direktor für Anlagensicherheit des Instituts für Strahlenschutz und Nuklearsicherheit (IRSN), Thierry Charles, davon, dass innerhalb von 48 Stunden eine nukleare Verseuchung größeren Ausmaßes drohe. Sollte es nicht gelingen, das Abklingbecken in Reaktorblock 4 wieder mit Wasser aufzufüllen, würde es zu einer „sehr bedeutenden Verseuchung" kommen, sagt er. Die nächsten 48 Stunden seien entscheidend. Alles müsse getan werden, um die Brennstäbe im Abklingbecken zu kühlen, denn die Brennstäbe im Abklingbecken lägen offen. Sollte es zur Kettenreaktion kommen, würde die nukleare Verseuchung den Zutritt zum gesamten Gelände unmöglich machen, was wiederum direkte Folgen für die Kühlung der anderen drei havarierten Reaktoren hätte. Der deutsche EU-Energiekommissar Günther Oettinger spricht in Brüssel davon, dass das Kraftwerk Fukushima sich „außerhalb einer fachmännischen Kontrolle befindet", und er befürchtet für die kommenden Stunden eine weitere katastrophale Entwicklung, die für die Menschen auf der „Insel" (Japan) eine Gefahr für Leib und Leben darstellen könne.

Während die Gefahr für die Menschen also nach Meinung internationaler Experten steigt, beginnen verschiedene Länder ihre Bürger zu evakuieren. Russland, Belgien, die Philippinen, aber auch die USA und China beginnen damit, unter anderem Angehörige ihrer Diplomaten und andere Landsleute auszufliegen. Aber auch internationale Konzerne bringen ihre Mitarbeiter außer Landes. Allein VW fliegt angeblich mehr als 200 Angestellte und ihre Familien sowie deutsche Mitarbeiter von Zulieferern mit einem Charterflug in die sichere Heimat. Und sowieso scheint die Wahrnehmung der Katastrophe im Ausland eine ganz andere zu sein als hier vor Ort. Der US-amerikanische Pharmahersteller Anbex meldet den kompletten Ausverkauf seiner Kaliumjodtabletten. Seit Beginn der Krise habe man Tausende Bestellungen erhalten. Besonders von der amerikanischen Westküste und asiatischen Nachbarstaaten Japans. Einige Bestellungen seien aber auch aus Japan selbst gekommen. Man hoffe, wird ein Firmensprecher zitiert, dass man in zwei Wochen wieder liefern könne. In Österreich rationieren die Apotheken angeblich schon die Ausgabe von Jodtabletten, und in Deutschland sind Geigerzähler so gut wie ausverkauft. An Panik grenzt das Verhalten in China. Falschmeldungen machen die Runde. Per Massen-SMS wird vor einer radioaktiven Wolke aus Japan gewarnt. In Peking und Shanghai kommt es zu Panikkäufen. Die Menschen decken sich mit Salz ein, mit Jodsalz, mit dem man angeblich Strahlenschäden vorbeugen könne. Die Supermärkte sind schnell ausverkauft. In Südchina verteuert sich Salz um das Zehnfache. Der größte Salzproduzent des Landes versucht zu beruhigen. Es gebe genug Salzvorräte, man brauche nicht zu horten. Die Menschen in China aber trauen solchen öffentlichen Bekundungen offenbar nicht und kaufen weiter. Das chinesische Gesundheitsministerium sieht sich genötigt klarzustellen, dass Speisesalz mit oder ohne Jod Strahlenschäden nicht verhindern könne. Denn um einen Schutzeffekt zu erzielen, müsse man etwa drei Kilogramm Salz zu sich nehmen. Da stirbt man wohl eher durch eine Salzvergiftung als durch radioaktive Teilchen. Chinas Regierung fordert die Behörden auf, hart gegen diejenigen vorzugehen, die solche Gerüchte zur Täuschung der Öffentlichkeit in Umlauf bringen. Wie schnell alles aus den Fugen geraten kann, denke ich, selbst in einer so kontrollfanatischen Diktatur wie China.

Während man in der Welt also damit beschäftigt ist, mit den eigenen Ängsten umzugehen, die die Atomkatastrophe in Fukushima ausgelöst hat, wirken die Rettungsversuche vor Ort immer verzweifelter. Die US-Streitkräfte stellen den japanischen Rettungsmannschaften jetzt Spezial-Hochdruckpumpen für die Kühlung der Reaktoren zur Verfügung. Die Pumpen kämen von US-Kriegsschiffen und seien auf den US-Luftwaffenstützpunkt Yokota gebracht worden, heißt es. Yokota aber liegt etwa 60 Kilometer westlich von Tokio und gut 300 Kilometer von den zerstörten Reaktorblöcken entfernt. Direkt dorthin liefern, geht offensichtlich nicht, denn US-Militärangehörige müssen jetzt einen Abstand von mindestens 80 Kilometern um das zerstörte Atomkraftwerk halten. Ihnen sei das Betreten der Sicherheitszone nur mit einer Sondergenehmigung erlaubt, lässt ein Pentagon-Sprecher verkünden. Die Pumpen werden der japanischen Armee auf dem US-Luftwaffenstützpunkt übergeben. Auf dem Atomkraftwerksgelände selbst versuchen die Rettungsmannschaften unterdessen, die dramatisch aufgeheizten Reaktoren weiter mit Wasserwerfern der Polizei zu kühlen. Der Einsatz aber muss immer wieder unterbrochen werden, weil die Strahlung an den Reaktorblöcken zu hoch ist. Im Laufe des Tages werden die Polizeiwasserwerfer durch Wasserwerfer des Militärs ersetzt. Der Grund: Die Wasserwerfer des Militärs sind offenbar anders als die der Polizei so konstruiert, dass die Besatzung während des Einsatzes nicht aussteigen muss. Seit zehn Uhr morgens werfen auch Militärhubschrauber Wasser über den Reaktoren ab. Der Einsatz sei möglich geworden, weil die Strahlung über den Reaktoren abgenommen habe, heißt es. Zudem seien die Hubschrauber an der Unterseite des Rumpfes mit Bleiplatten verstärkt worden. Das Blei soll die Strahlung absorbieren und die Besatzung vor einer zu hohen Strahlenbelastung schützen. Dennoch ist der Einsatz für die Besatzungen auf 40 Minuten begrenzt, da sonst die von der Militärführung festgelegten Grenzwerte überschritten würden. Doch als die ersten Live-Fernsehbilder von der Hubschrauber-Löschaktion übertragen werden, gerät der als zupackend gedachte Einsatz schnell zum Ausdruck völliger Hilflosigkeit. Wir sitzen vor den Bildschirmen, sehen, wie Hubschrauber mit großen Trichtern, die an langen Seilen hängen, Wasser aus dem Pazifik aufnehmen und Richtung Atomkraftwerk fliegen. Im Überflug öffnen sie die Trichter, die 7,5 Tonnen Wasser beinhalten. Aber weil die Hubschrauber aus Strahlenschutzgründen nicht direkt über den Reaktoren kreisen dürfen, sondern die Blöcke in größerer Höhe überfliegen müssen, zerstäubt das Wasser im Wind, trifft alles, nur nicht das, was es treffen soll – die Reaktoren. Auch wenn das nicht besonders effektiv aussieht, muss jetzt alles versucht werden, um die Reaktoren zu kühlen und die Strahlung zu minimieren, damit die im Atomkraftwerk verbliebenen Arbeiter die Reaktorblöcke wieder so weit reparieren können, dass eine Kühlung über die Pumpen möglich wird, die einzig wirklich effektive Lösung. Doch dafür müssen die Arbeiter erst einmal Stromkabel verlegen und anschließen und dann darauf hoffen, dass die Geräte und Anlagen überhaupt noch funktionieren.

Die „Fukushima 50“ werden fast wie Helden verehrt. Tatsächlich sind es bis zu 450 Arbeiter, die sich wegen der hohen Strahlung im Schichtbetrieb abwechseln. Freiwillig haben sie sich gemeldet, ihr Land zu retten. Es sei für sie eine Frage der Ehre, heißt es. Und Geld kann auch gar nicht die Motivation sein. Umgerechnet 80 bis 120 Euro sollen sie pro Tag bekommen – für einen der riskantesten Jobs der Welt. Todeskandidaten seien sie, meint der Präsident der Gesellschaft für Strahlenschutz, Sebastian Pflugbeil. Die enorme Strahlung rund um die Reaktoren sei für die Männer eine Katastrophe, die sie wohl früher sterben lasse. Damit die Männer überhaupt auf dem Gelände arbeiten dürfen, hatte das japanische Gesundheitsministerium die Grenzwerte für die Arbeiter von 100 Millisievert auf 250 Millisievert pro Jahr erhöht. Weil der Strom in den Reaktorblöcken ausgefallen ist, tappen die Männer bei ihren Arbeiten im wahrsten Sinne des Wortes im Dunklen. Es gibt kein Licht dort und auch die Kontrollgeräte funktionieren nicht. Es ist ein Himmelfahrtskommando, so sieht es für uns aus. Später wird sich zeigen, dass Japan diesen mutigen Menschen sehr viel zu verdanken hat. Aber es wird auch die Schäbigkeit ans Licht kommen, mit der Tepco diese Retter behandelt. Oft sind es „Freiwillige“, die bei Subunternehmern unter Vertrag stehen oder für Zulieferer arbeiten. Wir bekommen später Material aus dem Atomkraftwerk zugespielt, in dem Arbeiter anonym, aus Angst vor Repressalien, davon berichten, sie hätten sich freiwillig melden müssen, wenn sie ihren Job in Zukunft behalten wollten. In den ersten Tagen bekommen die „Helden“ nur 1,5 Liter Wasser zu trinken und eine Dose Gemüsesaft. Dazu Brot, ein paar trockene Kekse und Reis, zwei Mahlzeiten am Tag. Mittagessen gibt es nicht. Sie schlafen in einem Gebäude auf dem Kraftwerksgelände, auf dem Boden, im Treppenhaus, angeblich auch vor den Toiletten. In dem Gebäude aber ist es bitter kalt und die dünnen Decken, die verteilt werden, wärmen nicht wirklich. Weil Tepco nie mit einer solchen Katastrophe gerechnet hat, gibt es für die Männer nur genau 50 Strahlenschutzanzüge und nicht alle bekommen wasserdichte Stiefel. Ein Problem, denn in den Reaktorblöcken steigt das kontaminierte Wasser unaufhörlich. Tausende Tonnen Wasser, die auf die Reaktoren gespritzt werden, verteilen sich im Gebäude, können nicht kontrolliert abfließen. Viele der Arbeiter sind ganz offensichtlich schlecht ausgebildet und vorbereitet für das, was sie in den Reaktorblöcken erwartet. Oder werden sie vielleicht bewusst im Unklaren gelassen? Am 24. März, also fast zwei Wochen nach Beginn der Katastrophe, waten drei Arbeiter im Dunkeln, nur mit einer Taschenlampe ausgerüstet durch etwa 15 cm tiefes, radioaktiv verseuchtes Wasser in Reaktorblock 3. Im Wasser wird eine 10.000-fach erhöhte Strahlung gemessen, was befürchten lässt, dass der Reaktorkern beschädigt ist. Die Männer, die hier arbeiten, tragen zwar Schutzanzüge und Strahlenmessgeräte, aber keine Stiefel. Das radioaktiv verseuchte Wasser läuft ihnen in die Schuhe, verbrennt ihre Beine. Als die verstrahlten Männer, verborgen hinter einer blauen Plastikplane, in ein Krankenhaus gebracht werden, fragen wir uns, wie das alles sein kann. Warum tragen die Männer keine Stiefel, warum laufen sie durch extrem hoch verseuchtes Wasser, obwohl sie angeblich Messgeräte tragen, die Alarm schlagen, sobald ein gefährliches Niveau erreicht ist? Einer der Arbeiter, der anonym bleiben will, gibt eine Antwort:

„Es gibt keine Zeit und keinen Platz, um eine Art Auffrischungstraining zu machen“, sagt er. Deshalb sei es völlig klar gewesen, dass so ein Unfall passieren musste. Eigentlich hätte es ihnen der gesunde Menschenverstand sagen müssen, dass man nur mit Gummistiefeln da reingehen darf, aber die Männer seien schlecht ausgebildet gewesen, hätten eben keine Erfahrung gehabt.

„Wir müssen die Arbeiter trainieren, bevor sie da reingehen. Aber ich habe die Zentrale noch nie darüber reden hören."

Aber warum wurden die Männer dann nicht wenigstens vor der dramatisch hohen Strahlung gewarnt? Angeblich ist doch in diesen Situationen immer ein Strahlenkontrolleur mit Messgerät dabei?

In einer gefährlichen Situation komme zwar immer ein Strahlenkontrolleur mit. Aber jedes Unternehmen habe unterschiedliche Sicherheitsstandards, meint der anonyme Arbeiter.

Normalerweise gehöre der Strahlenkontrolleur zu dem jeweiligen Subunternehmen, das die Arbeit gerade durchführt. Aber weil das Know-how oft nicht so richtig gut sei, könne es sein, dass sie vielleicht gewarnt wurden, aber möglicherweise nicht nachdrücklich genug. Und wahrscheinlich war ihnen auch nicht klar, dass man besser Stiefel trägt, wenn man in ein so verseuchtes Wasser geht.

Die Arbeiter werden nach außen extrem abgeschirmt. Nur selten dringt etwas über die Situation im Atomkraftwerk an die Öffentlichkeit, was nicht von Regierung oder Tepco gesteuert ist. Hin und wieder sind es ein paar Arbeiter, die berichten. Meist aber anonym. Sie sprechen dann über ihre Angst und sie liefern der Weltöffentlichkeit einen Einblick in das Innere der Reaktorblöcke. Sie bestätigen das, was man vermuten kann, wenn man diese Reaktorruinen von außen betrachtet – die völlige Verwüstung.

Sie berichten von riesigen Löchern überall im Reaktorgebäude. Löcher, in die man hineinfallen und sich alles brechen kann, Löcher, die bis zu zehn Meter tief sind. Sie erzählen von zerstörten Kontroll- und Messgeräten, von eingestürzten Stahlkonstruktionen und gerissenen Rohrverbindungen. Und dann gäbe es da noch diese unkalkulierbaren Gefahren, die Nachbeben, die Explosionen. Und die Angst, die einen immer begleite: Die angeknackste Decke könnte herunterfallen, der Schutzanzug könnte durch etwas Scharfes eingerissen werden, man könnte stolpern und in ein Loch fallen oder sich im verseuchten Wasser verstrahlen.

Weil es in den Reaktorblöcken kein Licht gibt, wird nur in Tagschichten gearbeitet von 8 bis 17 Uhr, um wenigstens das bisschen Tageslicht zu nutzen, das durch die zerstörten Reaktorgebäude dringt. Nachts wäre das Arbeiten dort viel zu gefährlich, erzählen die Arbeiter. Einer spricht davon, dass er erleichtert sei, dass es nur Wasserstoffexplosionen gewesen seien. Eigentlich habe er Schlimmeres erwartet, zum Beispiel, dass die Brennstäbe geschmolzen wären. Aber zum Glück seien Reaktorkern und Druckkammer noch intakt. O.k., ein paar Risse vielleicht, deswegen komme da auch Wasser heraus, aber es hätte ja auch viel schlimmer kommen können, so wie in Tschernobyl zum Beispiel.

Was man den Arbeitern nicht sagt, was sie nicht wissen, während sie versuchen, mit ihren Händen im Dunkeln die Kühlung wieder herzustellen und Japan zu retten, ist, dass es in drei Reaktoren längst zur Kernschmelze gekommen ist. Stetig nimmt die Strahlung zu.

Und während die Arbeiter im Atomkraftwerk ihr Leben riskieren, ist von ihrem Chef, dem mächtigen Tepco-Boss Masataka Shimizu, in der Öffentlichkeit praktisch nichts zu sehen. Mal eine tiefe Verbeugung samt kurzer Entschuldigung vor laufenden Kameras, das wars. Später, 19 Tage nach Ausbruch der Krise, wird Tepco mitteilen, Herr Shimizu fühle sich nicht so gut, sei mit Bluthochdruck und Schwindelanfällen in ein Krankenhaus gebracht worden. Tepcos Führung zu diesem Zeitpunkt ein Totalausfall. Kommissarisch wird dann erst einmal der Verwaltungsratschef Tsunehisa Katsumata den angeschlagenen Konzern leiten.

„Da haben sie sich ja genau den Richtigen ausgesucht", meint Fuyuko. „Katsumata war Tepco-Präsident bis 2008, musste aber gehen, weil unter seiner Führung die Vertuschungsaktionen bei Tepco weitergegangen sind."

Doch das sind alles Entwicklungen und Informationen, die erst in den kommenden Tagen und Wochen ans Tageslicht kommen. Heute, am 17. März, dreht sich alles um die verzweifelten Versuche, die Reaktoren, wie auch immer, zu kühlen. Über die Bildschirme flimmern nach wie vor Hubschrauber, die unaufhörlich Wasser aufnehmen und über den Reaktoren wieder abwerfen. In unserem Hotel in Osaka sitzen wir derweil zusammen und überlegen uns, wie wir sicher in den Norden kommen und vor allem auch sicher wieder zurück. Mittlerweile ist weitere Verstärkung aus Deutschland eingetroffen. Mehr Equipment, mehr Personal. Wir sitzen in unserem improvisierten Studio zusammen, machen Pläne für die nächsten Tage. Klar ist, dass wir versuchen müssen, eine Art Schichtdienst einzuführen. Denn wenn wir weiter nicht richtig und nicht mal mehr als vier Stunden schlafen, ist es irgendwann mit unserer Berichterstattung vorbei. Wir diskutieren mögliche Drehreisen in den Norden. Aber schnell wird klar, dass niemand hier wirklich bereit ist, bei der derzeitigen Informationslage ohne Weiteres aufzubrechen. Eine Frage, die wir uns immer wieder stellen, ist, was diese vielen Zahlen in Milli- und Mikrosievert eigentlich für die Gesundheit bedeuten. Das müssen wir jetzt endlich mal klären.

Was ist ein Sievert?

Sievert, das finden wir schnell heraus, ist die Maßeinheit, mit der die radioaktive Strahlenbelastung biologischer Organismen gemessen wird. Sie geht auf den schwedischen Arzt und Physiker Rolf Maximilian Sievert zurück, der sich nach dem Ersten Weltkrieg bis zu seinem Tod 1966 der Erforschung der Wirkung radioaktiver Strahlen auf den menschlichen Körper widmete. Die Maßeinheit Sievert wird auch zur Bezeichnung des Strahlenrisikos verwendet. Als Strahlenrisiko wiederum wird die Wahrscheinlichkeit bezeichnet, mit der jemand, der einer bestimmten zusätzlichen Strahlenbelastung ausgesetzt ist, erkrankt oder stirbt.

Die natürliche Strahlenbelastung beträgt in Deutschland etwa 2 Millisievert pro Jahr, also 0,002 Sievert. Eine Flugzeugbesatzung auf einer Interkontinentalstrecke bekommt pro Jahr zusätzliche 9 Millisievert ab. Die in Deutschland maximal erlaubte jährliche Strahlendosis für Menschen, die beruflich mit Strahlung zu tun haben, beträgt 20 Millisievert. Über das gesamte Berufsleben aber dürfen nicht mehr als 400 Millisievert zusammenkommen. 100 Millisievert pro Jahr gelten als gefährlicher Grenzwert für eine mögliche Krebserkrankung. Eine Einzeldosis von 1000 Millisievert, also einem Sievert, führt zur sogenannten Strahlenkrankheit. Deren Symptome sind Übelkeit, Erbrechen und in schweren Fällen Haarausfall. Eine Einzeldosis von 5 Sievert wäre in 50 Prozent der Fälle binnen eines Monats tödlich.

„Sagt mal, Freunde, hat Tepco nicht gesagt, sie würden rund um die Reaktoren 400 Millisievert die Stunde messen? Das wäre ja pro Stunde die Höchstdosis, die ein Arbeiter während seines gesamten Lebens aufnehmen darf!"

„Ja, das haben sie gesagt, aber wer weiß, ob das stimmt", meint Toby. „400 Millisievert die Stunde wären etwa das

200-Fache dessen, was man als Normalbürger pro Jahr aufnimmt."

„Aber was heißt das jetzt für uns? Wir müssen mal ausrechnen, was für uns, wenn man so will, unbedenklich wäre."

„Also: Ein zusätzliches Millisievert pro Jahr wäre o.k. Das heißt, wir teilen ein Millisievert durch 365 und bekommen so die unbedenkliche Tagesdosis. Das macht 2,7, sagen wir 3 Mikrosievert pro Tag. Das durch 24, dann kommen wir auf 0,12 Mikrosievert die Stunde. Das hört sich nicht nach besonders viel an."

„Und wenn wir jetzt mal den Wert anlegen, den ein Arbeiter im Atomkraftwerk pro Jahr zusätzlich aufnehmen darf?"

„Moment, das wären dann etwa 2,3 Mikrosievert die Stunde. Auch nicht gerade viel, wenn man bedenkt, dass sie auf dem Kraftwerksgelände gerade 400 Millisievert die Stunde messen, also fast das 2000-Fache."

„Bevor wir weiter darüber nachdenken, ob wir überhaupt da hoch fahren, müssen wir einigermaßen aussagefähige und vor allem verlässliche Zahlen über die radioaktive Belastung der Orte bekommen, die wir besuchen wollen. Gibt es da schon irgendetwas?"

„Nein, nicht so richtig. Es gibt ein paar Zahlen aus den umliegenden Präfekturen und Gemeinden. Aber die variieren stark – von ganz normal bis 2,5 Millisievert die Stunde. Klar ist nur, je weiter weg, desto besser."

„Die Amerikaner haben doch gesagt dass ihre Soldaten nicht näher als 80 Kilometer an das Atomkraftwerk heran dürfen, oder? Die Japaner sagen, außerhalb von 30 Kilometern kein Problem. An wen würdet ihr euch halten? Ich persönlich verlasse mich in diesem Fall lieber auf die Amerikaner."

„Ich auch", sagt Toby, „aber dann können wir vergessen, mit dem Auto da hoch zu fahren."

„Warum?"

„Die Autobahn hoch in den Norden führt an Fukushima vorbei. Nicht an dem Atomkraftwerk, sondern an der Stadt, und die liegt etwa 50 bis 60 Kilometer vom Atomkraftwerk entfernt."

„Gibt es einen anderen Weg? Außen herum?"

„Ja, querfeldein. Das dauert ewig. Und wer weiß, wie stark die Straßen da oben durch das Erdbeben beschädigt sind. Ich glaube, das Beste wäre, wir fliegen hoch."

„Wohin müssten wir denn fliegen?"

„Kommt drauf an, wie weit wir in den Norden wollen", wirft Fuyuko ein. „Nicht alle Flughäfen sind offen. Am weitesten weg vom Atomkraftwerk liegt Aomori, ganz im Norden. Von dort sind es etwa 500 Kilometer bis nach Fukushima, vielleicht ein bisschen weniger."

„Ja, aber was wollen wir da? Das ist zu weit weg vom Epizentrum der Katastrophe. Würden wir denn dort ein Auto und einen Fahrer bekommen, der sich auskennt? Macht ja keinen Sinn, wenn wir den ganzen Tag damit beschäftigt sind, uns zurechtzufinden."

„Da oben kenne ich niemanden, aber wir könnten ja jemanden aus Tokio vorschicken."

„Das ist zu weit, Fuyuko. Aber vorschicken müssen wir wohl jemanden aus Tokio. Da hast du recht. Im Studio in Tokio steht noch unser Generator, und den werden wir auf jeden Fall brauchen, denn die Stromversorgung ist da oben ja wohl nicht überall garantiert. Dann brauchen wir unsere Schlafsäcke, die liegen auch noch im Studio rum."

„Na ja, wir könnten ja mal schauen, ob wir nicht auch hier in Osaka einen Generator und das ganze Zeug bekommen", meint Jörg. „Außerdem brauchen wir noch einen Gaskocher, lange Unterhosen, warme Mützen, Handschuhe und Lebensmittel. Tütensuppen, Müsliriegel, Brot, Wasser."

„Gut, wir machen das jetzt folgendermaßen: Als erstes müssen wir schauen, ob es einen Flughafen gibt, der näher dran liegt, aber immer noch in sicherer Entfernung. Zweitens brauchen wir bei dem ganzen Equipment mindestens zwei Autos samt Fahrer, die uns abholen und bereit sind, mit uns durch die Katastrophenregion zu fahren."

„Und drittens brauchen wir Fahrer und Fahrzeuge mit einer polizeilichen Sondergenehmigung. Denn ohne eine solche Sondergenehmigung können wir uns in der Region nicht frei bewegen. Viele Straßen sind nämlich für den normalen Verkehr gesperrt, nur für Rettungsfahrzeuge und solche mit Sondergenehmigung zugänglich. Ohne diese Sondergenehmigung kann man außerdem an den meisten Tankstellen nicht tanken. Das knappe Benzin wird für die Rettungskräfte benötigt."

„Ist das sicher, Fuyuko?"

„Klar ist das sicher, wenn ich das sage. Ich habe, während ihr hier gequatscht habt, mit Kato telefoniert. Kennst Du Kato?"

„Nein."

„Kato ist ein Fahrer, mit dem wir in den vergangenen Jahren immer mal wieder zusammengearbeitet haben. Kato ist gerade im Norden. Er ist von Tokio aus hoch gefahren und er hat eine solche Sondergenehmigung."

„Könnte er für uns fahren?"

„Nein, er sagt, er hat andere Kunden, aber er kennt in Tokio ein paar Leute, die uns helfen könnten. Die haben Autos und würden auch unsere Sachen im Studio abholen, Wasser und Lebensmittel kaufen und vorfahren. Um die Sondergenehmigung müsste ich mich aber kümmern. Die lokale Polizei braucht dafür Papiere, die bestätigen, dass wir eine internationale Medienorganisation sind, die von Japan aus über Japan berichtet, und sie wollen unsere Presseausweise. Ich kann das aber alles erst organisieren, wenn wir wissen, wohin wir fliegen. Ich muss alle Unterlagen nämlich an die lokale Polizeistation faxen."

„Was würden wir ohne dich bloß machen, Fuyuko. Hast du denn auch schon eine Idee, wo wir hinfliegen könnten?"

„Ich würde vorschlagen, wir fliegen nach Shonai."

„Wie weit ist das entfernt von Fukushima und dem Atomkraftwerk?"

„Der Flughafen Shonai liegt Luftlinie ca. 150, 200 Kilometer von Fukushima Stadt und etwa 230 Kilometer vom Atomkraftwerk entfernt, am Japanischen Meer, genau auf der anderen Seite der Hauptinsel Honshu. Japan ist an dieser Stelle nicht besonders breit. Der Flughafen hat noch einen großen Vorteil. Shonai liegt genau in der Richtung, aus der der Wind gerade bläst. Das heißt, wir würden mit dem Wind fahren, der die Radioaktivität zurzeit auf den Pazifik hinaus weht. Sollte der Wind unerwartet drehen, könnten wir relativ schnell zum Flughafen zurück und uns wieder Richtung Osaka verdrücken. Von Shonai ist es außerdem nicht so weit zu den Flüchtlingslagern, von denen viele in der Präfektur Yamagata liegen. In die Stadt Yamagata sind es nur etwa anderthalb Stunden. Da könnte man auch übernachten."

„Na, das hört sich ja alles nach einem prima Plan an. Aber es ist jetzt schon spät. Heute bekommen wir das sowieso nicht mehr organisiert, und außerdem möchte ich gerne noch ein bisschen mehr Informationen, wie es um die Reaktoren steht. Ich will nicht, dass wir da hoch fahren, die Dinger fliegen noch mal in die Luft, der Wind steht ungünstig und wir sind in der Wolke. Lasst uns morgen noch abwarten. Wir müssen ja außerdem erst noch sehen, ob das mit den Autos und den Fahrern klappt und ob wir überhaupt Flüge bekommen. Außerdem sollten wir morgen noch mal ganz genau nach den Strahlenmesswerten in der Region recherchieren. Je genauer wir die haben, desto leichter fällt uns dann die Entscheidung. O.k. Wer macht heute die Nachtschicht?"

Jörg übernimmt.

Freitag, 18. März 2011

ZUM ERSTEN MAL seit Tagen habe ich in dieser Nacht keine Sendungen vor mir und auch nicht am Morgen oder am Mittag. Die kann Timm übernehmen. Kein angespanntes Recherchieren für das nächste Live, die Chance den Kopf frei zu bekommen. Diese Live-Situationen im Halbstunden- bis Stunden-Takt sind extrem anstrengend in einer Lage, die sich beinahe von Minute zu Minute verändert. Man muss immer voll konzentriert sein, bis zur letzten Sekunde, denn die Zuschauer wollen und haben auch das Recht, immer auf den letzten Stand gebracht zu werden. Aber in dieser völligen Unübersichtlichkeit müssen wir höllisch aufpassen, dass uns nicht größere Fehler unterlaufen, dass wir die verschiedenen Reaktoren zum Beispiel nicht durcheinander bringen. Denn je nach Reaktorblock drohen ganz unterschiedliche Gefahren. Aber jetzt ist Pause. Herrlich diese Leere, diese Gewissheit, dass es Kollegen gibt, auf die wir uns verlassen können, in Mainz, hier und vor den Bildschirmen. Ich telefoniere mit meiner Frau. Sie erzählt, dass sich an der Deutschen Schule in Peking Familien auf den Weg nach Deutschland gemacht hätten aus Angst vor einer möglichen Strahlenwolke aus Japan. Ein Lehrer aus der Klasse unserer Tochter habe angeblich vor der Strahlengefahr auch für China gewarnt, sagt sie. Julie sei etwas verunsichert, was das denn auch und ganz besonders für mich bedeute, wo ich doch in Japan sei, so viel näher dran am Atomkraftwerk als sie in Peking.

„Welcher Lehrer war das? Ist der noch ganz frisch? Was macht der denn für eine Panik. Das gibt es doch alles gar nicht!“

Meine Frau nennt mir den Namen. Muss morgen mal beim Direktor anrufen und klarmachen, dass das so nicht geht, in welche Scheißsituation sie mich da zu Hause bringen, ohne dass es dafür auch nur den Hauch eines Grundes gibt. Meine Güte, die drehen alle durch und wir hier müssen einen kühlen Kopf bewahren.

Rührend allerdings sind die vielen E-Mails, die ich aus Deutschland bekomme, von Freunden, Verwandten, aber auch von ganz vielen Zuschauern, die sich mit den zunehmenden schwarzen Ringen unter unseren Augen Sorgen um unsere Gesundheit machen, die uns Mut zusprechen oder uns raten, das Land zu verlassen, aber uns und unsere Arbeit immer auch loben. Das gibt wirklich Kraft, zu wissen, dass Menschen anteilnehmen, dass man sie erreicht. Normalerweise melden sich immer nur Menschen, die sich darüber beschweren wollen, was für einen Mist man da gerade erzählt hat oder dass man völlig falsch in seiner Berichterstattung läge. Diesmal aber ist alles anders. So viel Zuspruch haben wir noch nie bekommen. Diese Katastrophe, das machen die vielen E-Mails klar, ist etwas ganz Besonderes, etwas, das die Menschen daheim an den Bildschirmen sehr viel mehr bewegt als die vielen anderen Krisen und Katastrophen, die jeden Tag über den Fernseher flimmern. Sie fühlen sehr viel mehr mit, fast hat man den Eindruck, sie fühlten sich selbst betroffen von der Katastrophe 10.000 Kilometer entfernt im Pazifik, im Fernen Osten. Mit der Frage, warum diese Krise die Menschen in Deutschland so berührt und ob wir dabei vielleicht eine Rolle spielen, gehe ich unter die Dusche und dann ins Bett. Wir müssen aufpassen, dass wir hier nicht zum Teil der Geschichte werden, sondern weiter kühl und nüchtern berichten, so gut es halt in dieser unübersichtlichen Situation geht. Wir dürfen nicht spekulieren, müssen Dinge beim Namen nennen. Aber heute Nacht muss Jörg das tun, das arme Schwein. Ich muss gar nichts, nur schlafen. Wie schön!

Dieses ständige Nachtarbeiten aber hat meinen Biorhythmus völlig durcheinander gebracht. Nach vier Stunden

Schlaf bin ich wieder hellwach. Es ist drei Uhr morgens und ich wälze mich im Bett hin und her. Lieber Gott, bitte lass mich noch ein bisschen schlafen. Drei Stunden quäle ich mich, dann stehe ich auf. Es hat keinen Sinn. Ich gehe die letzten Agenturmeldungen durch. In Deutschland sieht es ganz so aus, als könnte die schwarz-gelbe Koalition in Baden-Württemberg am 27. März die Wahlen verlieren. Die Umfragen zumindest deuten darauf hin. Die Frage ist nun, ob es Rot-Grün wird oder Grün-Rot. In den Umfragen legen die Grünen zwar schon länger zu, aber die Krise in Fukushima scheint ihnen weiter Auftrieb zu geben. Die CDU im Land und im Bund versucht mit einer Kehrtwende in der Atompolitik die drohende Niederlage in ihrem Stammland abzuwenden. So sieht es jedenfalls aus. Das genau ist der Unterschied zwischen Demokratie und Diktatur, denke ich. In einer Demokratie kommt eine Regierung nicht umhin, in entscheidenden Fragen, die die Mehrheit bewegen, auf die Bevölkerung zu hören. In einer Diktatur wie in China werden solche Massenproteste, wie sie gerade in Deutschland stattfinden, mit Gewalt unterdrückt, muss die Bevölkerung dem folgen, was die Regierung verlangt. Aber warum kommt es in Deutschland zu einer Kehrtwende in der Atompolitik und nicht in Japan, wo immer mehr Menschen vor der radioaktiven Gefahr evakuiert werden müssen, wo Reaktorblöcke explodieren und jede Menge Radioaktivität freigesetzt wird? Vielleicht hängt es ja damit zusammen, dass wir uns in Deutschland seit der Entstehung der Grünen-Bewegung vor 30 Jahren schon viel intensiver mit dem Pro und Contra der Atomenergie auseinandergesetzt haben, dass wir alle Argumente für und wider durchdiskutiert haben, dass wir wissen, was ein Restrisiko ist, und dass wir hier in Japan gerade sehen, was das bedeuten kann. Klar ist, dass den Atomkraftbefürwortern gerade ihr wichtigstes Argument abhanden gekommen ist, dass nämlich das Restrisiko in modernen westlichen Atomkraftwerken minimal und beherrschbar sei. In Japan haben sie sich bislang darüber nie Gedanken gemacht. Eine kritische, offene Streitkultur gibt es hier nicht. Alles dreht sich immer um Harmonie. Aber da ist Japan in Asien nicht alleine. Auch in China sprechen sie immer von der „Harmonischen Gesellschaft". Was das genau heißt, verrät einem aber niemand. Nur eines ist klar. Wer die Harmonie stört, ist im besten Falle ein Nestbeschmutzer, so wie die Atomkritiker bislang in Japan, und im schlimmsten Fall ein Staatsfeind, so wie Liu Xiaobo, der Friedensnobelpreisträger aus China. Wer aber definiert, was Harmonie ist, was harmonisches Verhalten ist? Das können nur die, die die Macht dazu haben. Harmonisch ist also immer das, was die Macht und die Mächtigen stabilisiert, unharmonisch alles, was den Status quo infrage stellt. Aber dieses Denken muss irgendwann zur Erstarrung führen und damit unausweichlich in die Katastrophe. Wenn wir uns nicht immer wieder fragen, ob wir auf dem richtigen Weg sind in einer Welt, die sich permanent weiterentwickelt, steigt die Gefahr, dass wir schwere Fehler machen. Wenn wir Kritik nicht zulassen, nehmen wir uns die Chance, Entwicklungen zu stoppen, bevor sie zur Katastrophe werden. Harmonie ist das Ende aller Entwicklung, das Paradies. Aber davon sind wir hier auf Erden noch ziemlich weit entfernt.

Es ist jetzt eine Woche her, dass Erdbeben, Tsunami und Atomkatastrophe Japan aus den Angeln gehoben haben. Heute kommen die ersten wirklich guten Nachrichten. Viele der Häfen und Flughäfen in der betroffenen Region seien wieder befahrbar, anfliegbar. Das verbessert die Möglichkeiten zur Rettung und Versorgung der Menschen erheblich. Doch für viele kommt das alles zu spät. Von bis zu 16.000 Toten ist jetzt die Rede. Einen genauen Überblick aber gibt es immer noch nicht. Was die Situation am Atomkraftwerk betrifft – nichts wirklich Neues. In einer Pressekonferenz am Morgen spricht Yukio Edano davon, dass man die neuerliche Bewässerung der Reaktorblöcke in Fukushima vorbereite. Hubschrauber und Löschfahrzeuge von Feuerwehr und Militär seien einsatzbereit. Die Priorität läge wie gestern bei Reaktorblock 3 wegen des hochgiftigen Plutoniums, das dessen Brennelemente enthalten würde. Dass bei der Aktion gestern Wasser in den Reaktorblock gelangt sei, daran bestehe kein Zweifel, unklar sei nur, wie viel. Und auch ein Tepco-Sprecher äußert sich zuversichtlich darüber, dass die Kühlversuche erfolgreich waren. „Wir haben Dampf aus der Anlage entweichen sehen, als wir Wasser darüber ausgeschüttet haben. Wir denken, das Wasser hat die Hitze verringert. Wir denken, es gab eine gewisse Wirkung."

Doch die vielen schönen Worte können über eines nicht hinwegtäuschen. Sie wissen gar nichts, haben nur Vermutungen. Die Weltgesundheitsorganisation WHO aber beschwichtigt dennoch. Ihr Leiter in China, Michael O'Leary, lässt verlauten, dass das Risiko einer Strahlenbelastung nach dem Reaktorunglück lokal begrenzt bleibe, dass es „keine Hinweise auf eine signifikante Verbreitung von radioaktivem Material" abseits der unmittelbaren Nähe des Atomkraftwerks gebe. Außerhalb von 30 Kilometern, so werden nicht namentlich genannte Gesundheitsexperten zitiert, bestehe nur ein geringes Risiko. Möglicherweise aber liegt diese Einschätzung auch daran, dass bislang nur rund um das Atomkraftwerk ausführlich gemessen wurde. Jetzt aber wolle man die Beobachtungen für weitere Analysen ausweiten, sagt Edano in seiner Pressekonferenz – auf 30 Kilometer.

Aus heutiger Sicht ist klar, dass diese beschwichtigenden Einschätzungen völlig falsch waren. In den kommenden Wochen werden wir Dörfer besuchen, die aufgrund der extrem hohen Strahlenbelastung evakuiert werden müssen und das, obwohl sie 50 bis 60 Kilometer vom Atomkraftwerk entfernt liegen. Auch die Teeernte in der etwa 350 Kilometer südwestlich gelegenen Provinz Shizuoka wird verseucht. Der Tee gelangt bis nach Frankreich.

Das alles wissen wir am 18. März noch nicht, aber wir wundern uns dennoch, wie ein WHO-Sprecher zu diesem Zeitpunkt, zu dem ja ganz offensichtlich noch nicht einmal die Japaner genau wissen, was los ist, zu solchen Aussagen kommt. Irgendwie reden hier viel zu viele Leute über Dinge, von denen sie keine Ahnung haben, und tragen so zu einer Informationsflut bei, die es immer schwieriger macht, sich wirklich zu informieren – der Nährboden für Panik und Desinformation. Japans Nachbarstaaten jedenfalls fühlen sich nicht ausreichend informiert über das, was sich da gerade in Fukushima abspielt. China, aber auch Südkorea und die USA fordern von der japanischen Regierung endlich konkretere Informationen. Die Internationale Atomenergiebehörde IAEO und ihr japanischer Chef Yukiya Amano bitten Japans Ministerpräsidenten Kan um eine bessere Zusammenarbeit. Die internationale Öffentlichkeit müsse besser informiert werden. Immerhin stuft Japan den Unfall in den Reaktoren jetzt auf der INES-Skala auf 5 hoch. Das sind immer noch zwei Stufen unter der Katastrophe von Tschernobyl. Aber ein bisschen mehr Ehrlichkeit ist es dann doch. Die ganze Ehrlichkeit aber ist es mit Sicherheit noch nicht. Da muss man sich nur die Bilder der explodierten Reaktorblöcke ansehen.

Die „Fukushima 50“ bekommen heute Unterstützung von Militär, Technikern und Feuerwehrleuten. Etwa 120 Männer seien jetzt im Einsatz. 140 zusätzliche Feuerwehrleute mit Spezіallöschfahrzeugen aus Tokio seien im Anmarsch. Sie setzen ganz offensichtlich auf diese Löschfahrzeuge und ihre Löschrohre, um Wasser auf und in die Reaktorblöcke zu spritzen, denn die Hubschrauber bleiben, anders als von Edano zunächst angekündigt, am Boden. Einen Grund nennt der Militärsprecher nicht. Viel Raum wieder für Spekulation. Ist die Strahlung über den Reaktoren zu hoch? Ist ihnen klar geworden, dass das von den Hubschraubern abgeworfene Wasser die Reaktoren sowieso nicht trifft? Egal. Dieses Spekulieren geht mir auf die Nerven. Sie tun es nicht – basta. Das reicht. Tepco meldet, dass die Stromversorgung zu den Reaktoren 1 und 2 wieder hergestellt sei und dass man ab morgen die beiden Reaktoren wieder mit Strom versorgen wolle. Aber was heißt das denn, fragen wir uns. Funktioniert die Kühlung dann wieder? Sind alle zerstörten Anlageteile und Geräte wieder repariert und ersetzt? Denn was nützt die schönste Stromleitung, wenn es nichts gibt, woran sie sinnvoll angeschlossen werden kann? Trotz kleiner Erfolgshäppchen, die die Regierung und vor allem Tepco der Weltöffentlichkeit immer wieder vorwerfen, bereiten sich die Verantwortlichen parallel auf das Allerschlimmste vor – den Super-GAU. Zwar setze man nach wie vor auf die Kühlung mit Wasser, um eine Kernschmelze zu verhindern, heißt es von Tepco, aber man müsse sich auch darauf vorbereiten, einer massiven Strahlenbelastung der Umwelt dadurch zuvorzukommen, dass man über den Reaktoren einen Sarkophag aus Sand und Beton errichte. Sogleich aber melden sich Experten, die verkünden, die Sarkophag-Lösung höre sich einfacher an, als sie zu realisieren sei. Denn die Reaktoren seien extrem heiß. Der aufgeschüttete Sand könnte zu Glas schmelzen und der aufgeschüttete Beton Risse bekommen, wie der in Tschernobyl. Sarkophag würde aber auch bedeuten, dass die Kerne unter dem Mantel aus Sand und Beton weiter vor sich hin glühen und Radioaktivität abgeben. Es gibt nur die eine Alternative: kühlen, kühlen, kühlen. Der Premierminister geht mal wieder vor die Presse. Er spricht heute, eine Woche nach Ausbruch der Katastrophe, seinen Landsleuten erneut Mut zu, aber er macht ihnen auch keine falschen Hoffnungen. „Japan als Land wird diese Katastrophe überwinden und sich erholen", sagt er. Aber die atomare Krise erlaube keinen Optimismus. Dazu passt, dass im Laufe des Tages die ersten Messergebnisse von außerhalb der 30-Kilometerzone eintreffen, so wie Edano, der Regierungssprecher, das am Morgen versprochen hat. Danach liegt die Strahlenbelastung an manchen Orten nordwestlich der Atomruine bei 150 bis 170 Mikrosievert die Stunde. Das heißt, wenn man hier lebt oder arbeitet, bekommt man in sechs bis sieben Stunden so viel Strahlung ab, wie sonst in einem halben Jahr, rund einen Millisievert. Auf das Jahr hochgerechnet wären das etwa 1,5 Sievert, eine Dosis, bei der man mit hoher Wahrscheinlichkeit annehmen muss, dass eine Person, die dieser Strahlung ausgesetzt ist, schwer erkrankt. Diese Gebiete aber sind noch nicht evakuiert. Die japanische Regierung hält nichts davon, den Evakuierungsradius über die 30 Kilometer hinaus zu vergrößern. Noch nicht, muss man sagen. In den kommenden Monaten wird sich das ändern. Im Moment macht noch eine andere Meldung Sorgen.

Der Wind, so der Deutsche Wetterdienst, soll ab Montag vorübergehend Richtung Tokio ziehen und dann möglicherweise radioaktive Partikel mit sich bringen.

„Wir haben zwei Fahrer, die uns in Shonai abholen können. Sie kommen aus Tokio und werden erst ins Studio fahren und alles abholen, was wir für den Trip brauchen."

„Aber wie kommen die in das Studio, Fuyuko? Die müssen irgendwie an den Schlüssel kommen."

„Minami fährt morgen nach Tokio. Ihre beste Freundin ist im Tsunami umgekommen. Morgen ist Beerdigung. Sie nimmt einen Schlüssel mit und trifft sich mit den Fahrern."

Erst jetzt fällt mir etwas auf, was ich in den vergangenen Stresstagen zwar bemerkt, aber völlig falsch interpretiert habe. Minami, Fuyukos 22-jährige Tochter, die uns in den letzten Tagen tapfer Tag und Nacht bei Recherche und Nachrichtenscreening geholfen hat, hat sich immer mehr in sich zurückgezogen. Ich hatte das als die normalen Begleiterscheinung von Übermüdung und Erschöpfung gedeutet. Nicht im Traum bin ich auf die einfachste Erklärung gekommen, dass nämlich unsere japanischen Kolleginnen und Kollegen selbst Freunde oder Verwandte unter den vielen Erdbeben- und Tsunamiopfern haben könnten. Ich fühle mich schlecht, dass ich nicht einmal gefragt habe.

Minami sitzt mit leicht gesenktem Kopf auf einem Stuhl in unserem improvisierten Studio.

„Ich habe von deiner Mutter gerade erfahren, dass du deine beste Freundin verloren hast. Das tut mir unendlich leid. Wenn du Zeit für dich brauchst, dann nimm bitte keine Rücksicht auf uns."

Minami wirkt ruhig und sehr gefasst. Nur zwei kleine Tränen in ihren Augen verraten, wie aufgewühlt sie innerlich ist.

„Sie sagen, die Welle habe sie mitgerissen. Im Wasser sei sie dann von einem schweren Gegenstand erschlagen worden. Sie haben ihre Leiche am Strand gefunden. Immerhin haben sie ihre Leiche gefunden. So können wir nun Abschied nehmen. Sie war so alt wie ich. Es ist so traurig."

Eine unsichtbare, dunkle Kraft sucht sich ihren Weg durch meinen Brustkorb, legt sich auf mein Herz und ich spüre, wie auch mir jetzt die Tränen in die Augen schießen. Eine Weile sitzen wir vertieft in unsere eigenen Gedanken regungslos nebeneinander.

„Johannes, es ist o.k. Ich habe wirklich Glück, dass ich von meiner Freundin Abschied nehmen kann. So viele Menschen können das nicht. Ihre Freunde, Kinder, Eltern werden niemals gefunden werden, liegen tief vergraben im Schlamm oder sind ins Meer hinausgerissen worden. Das ist wirklich schlimm. Ich arbeite heute Nacht durch, nehme um sechs den ersten Zug und komme nachts nach Osaka zurück."

Es ist diese Klarheit, zu wissen, was zu tun ist und was nicht, selbst in den schwersten Stunden, die mir hier in Japan oft begegnet, die mich irritiert, manchmal verstört und die ich doch bewundere. Sich einfach gehen lassen, sich ergeben, anderen Menschen durch das eigene Schicksal zur Last fallen, auf diese bei uns im Westen doch recht weitverbreiteten Charakterzüge trifft man hier in Japan nur sehr selten.

„Vor Montag werden wir nicht fahren können. Die Fahrer holen morgen Abend die Sachen aus dem Studio und fahren dann am Sonntag bei Tageslicht hoch. Die brauchen aber bestimmt acht Stunden und vor Montag früh bekommen wir auch die Sondergenehmigung nicht", reißt mich Fuyuko aus den Gedanken.

„Außerdem schlage ich vor, dass wir mit Julian zusammenarbeiten. Julian ist ein Producer, freier Journalist aus Australien, der seit ein paar Jahren hier in Japan lebt und fließend Japanisch spricht. Aber sein eigentlicher Vorteil ist, dass er gerade mit ein paar Schweden an der Küste unterwegs ist und Fotos in der Tsunamiregion schießt. Der kennt sich also bestens aus da oben."

„Wer ist Julian, Fuyuko? Woher kennst du ihn?"

„Julian ist ein netter junger Mann, so um die 25, den ich über Minami, glaube ich, kennengelernt habe. Ich habe ihn schon angerufen. Er ist auf dem Weg zurück nach Tokio und kommt dann hierher nach Osaka. Er meint aber, es würde noch dauern. Die Straßen seien schlecht, Benzin sei sehr knapp und sie müssten sich über die kleinen Landstraßen durchschlagen, weil sie keine Sondergenehmigung hätten. Vor morgen Abend sei er nicht hier."

„Keine schlechte Idee, Fuyuko. Wir brauchen dich nämlich eigentlich hier. Du musst die Fäden zusammenhalten, schon aus Sicherheitsgründen. Wir brauchen jemanden, auf den wir uns hundertprozentig verlassen können, jemanden, der uns rechtzeitig warnt, wenn wir da oben rumturnen und die Reaktoren explodieren mal wieder. Du bist die Einzige hier, die weiß, worauf es ankommt und wie man uns herausholt, sollte es eng werden. Also abgemacht. Wir engagieren Julian und du hältst hier den Laden zusammen."

Fuyuko ist einfach das Herz unserer ganzen Operation hier in Japan. Wenn es aufhört zu schlagen, bricht alles zusammen. Wir brauchen verantwortungsbewusste und gut ausgebildete Kollegen und Kolleginnen, denen wir vertrauen können, dass sie unter Stress und Druck keine Entscheidungen treffen, die uns unnötig in Gefahr bringen. Ein eigener kleiner Stab vor Ort muss nicht nur die Logistik organisieren, sondern auch alle Informationen zusammentragen, die erforderlich sind, damit der Einsatz ein Erfolg werden kann. Besonders wichtig in unserem Fall ist, über jemanden zu verfügen, der nicht nur einfach die Sprache des Landes spricht, sondern sich auch in den kulturellen und politischen Hintergründen auskennt, der journalistisch denkt und auch zwischen den Zeilen etwas lesen kann, was uns, die wir aus einer anderen Kultur kommen, verborgen bliebe. Einfach nur japanisch sprechen oder in Japan geboren sein, hilft uns hier nicht. Es ist ein Job für die Besten, hoch qualifiziert, gut vernetzt, mehrsprachig und sozial kompetent. Die Qualität unserer Arbeit steht und fällt mit den Producern. Und Fuyuko gehört einfach zur Spitzenklasse. Unter Normalbedingungen würde ich Fuyuko mitnehmen, denn dann bin ich sicher, dass an der „Front" alles gut geht. Aber jetzt ist es wichtiger, dass sie hier in Osaka bleibt und auch den Kollegen, die aus Deutschland und Peking zur Unterstützung gekommen sind, unter die Arme greift. Sie ist momentan die Einzige, auf die sich alle verlassen können. Wir müssen nur aufpassen, dass sie auch mal schläft. Irgendwann wird es auch ihr nicht mehr reichen, ein halbes Stündchen auf dem Bürostuhl einzunicken.

Heute übernehme ich die Nachtschicht – mal wieder 24 Stunden keinen Schlaf. Morgen müssen wir festlegen, ob wir es wirklich verantworten können, in den Norden zu fahren, und wenn ja, wer alles fährt. Ich weiß, dass es Jörg schon die ganze Zeit in den Fingern juckt. Und wenn wir uns endgültig entscheiden zu fahren, dann ist auch völlig klar, dass ich mit dabei bin. Ich will mir endlich auch mit eigenen Augen ein Bild davon machen, wie es da oben aussieht, ein Gefühl für die Dimension der Katastrophe bekommen. In Osaka wird dann Diana Zimmermann, meine Kollegin aus Peking, gemeinsam mit Fuyuko das Ruder übernehmen. Ich bin froh, dass Diana am Wochenende übernimmt.

Während wir uns an diesem Abend Gedanken machen, wie wir am besten und sichersten in den Norden kommen, verlassen immer mehr Ausländer Tokio. Die finnische Botschaft, heißt es, verlege sich nach Hiroshima, und die niederländische Botschaft beginnt mit der Ausgabe von Jod-Tabletten an ihre in Japan lebenden Staatsbürger. Während sich immer mehr Botschaften auf das Schlimmste vorbereiten, schließt die schwedische Modekette Hennes und Mauritz (H&M) nach Agenturangaben angeblich neun von zehn Filialen. Alle im Großraum Tokio. Nur die Filiale in Osaka bleibe geöffnet. Als Grund wird die anhaltende atomare Krise im Land genannt.

Die Reisen in den Norden

VIERTEL NACH FÜNF an diesem Samstagmorgen. Ein langer Tag geht zu Ende. Wir bringen Minami noch zum Bahnhof, nehmen einen schnellen Kaffe und einen Burger in einem Fastfood-Restaurant. Wir haben mittlerweile eine Liveposition mitten in Osaka. Die Übertragungsqualität ist jetzt deutlich besser, aber wir brauchen gut eine Stunde in unser Hotel am Flughafen. In der Stadt selbst sind alle Hotels ausgebucht. In Trance sehe ich die Industrieanlagen an mir vorbeiziehen, die riesigen Gas- und Öltanks. Und alles auf Höhe des Meeresspiegels. In meiner durch die Müdigkeit benebelten Phantasie sehe ich, wie sich eine Riesenwelle in die Bucht von Osaka drückt, immer näher kommt und schließlich alles um uns herum mit sich reißt. Was wären meine letzten Gedanken, frage ich mich. Würde ich an meine Kinder, meine Frau denken, an die schöne gemeinsame Zeit, die uns geschenkt wurde? Wer wird sich um sie kümmern? Werden sie ihr Leben meistern? Kann ich ihnen aus dem Himmel dabei zuschauen? Oder würde ich mich vielleicht doch eher darauf konzentrieren, irgendwie zu überleben? Was müssten wir jetzt tun, wenn eine Welle kommt? Auf jeden Fall sofort wenden und der Welle davonfahren. Im Moment wäre das wahrscheinlich sogar möglich. Das Umdrehen auf dem Highway. Um diese Zeit sind nur wenige Autos unterwegs. Die Straße ist frei. Aber halt. Irgendwo habe ich doch gelesen, dass so ein Tsunami sich mit bis zu 800 Stundenkilometern Geschwindigkeit durch das Meer bewegt. In Küstennähe wird er aber wahrscheinlich wieder abgebremst. Aber selbst wenn, wohin? Hier ist alles flach. Wenn wir anhalten und versuchen, in die obersten Stockwerke eines Gebäudes zu rennen, müssten wir wahrscheinlich sehr schnell sein. Und wer sagt, dass das Gebäude nicht mitgerissen wird? Also, gehen wir mal davon aus, das Wasser kommt und wir können nicht fliehen. Ich bin eigentlich ein ganz guter Schwimmer. Wahrscheinlich werde ich erstmal unter Wasser gedrückt und herumgewirbelt. Wenn ich nicht gleich von einem mitgerissenen Gegenstand erschlagen werde, muss ich versuchen mich zu orientieren, muss nach oben an die Luft kommen. Die Chance ist gering. Sollte es aber klappen, müsste ich nach etwas Stabilem, Schwimmbarem Ausschau halten und es auch möglichst schnell entdecken, bevor mich die Wucht der Welle an eine Hauswand, einen Baum oder Ähnliches wirft und zerschmettert. Nein, ich werde an meine Kinder denken, an meine Frau und darauf vertrauen, dass ich diese Welt erst verlassen muss, wenn meine Zeit gekommen ist. Und jetzt muss ich erstmal schlafen. Wir fahren durch das Morgengrauen, es nieselt leicht. Das gleichmäßige Surren des Motors bringt mich sanft hinüber. Ich habe es schon als Kind geliebt, im Auto einzuschlafen.

Aber nach einer halben Stunde ist es leider auch schon wieder vorbei. Im Hotel kurz duschen, wach werden. Noch einen Kaffee und eine Miso-Suppe. Mein E-Mail-Fach quillt über, als ich meinen Computer hochfahre. Eine Mail bleibt mir in besonderer Erinnerung.

„Lieber Herr Hano, meine Frau und ich haben sehr großes Mitgefühl mit den armen Menschen in Japan. Erst Erdbeben und Tsunami und jetzt die Atomkatastrophe. Wir schlagen vor, dass man alle diese Menschen nach Deutschland holt. Wir brauchen doch gut ausgebildete Arbeitskräfte, oder? Wir können diesen armen Menschen eine Zukunft geben und wir alle haben was davon. Das wäre doch eine tolle Idee. Was halten Sie davon?“

Die Leute zu Hause nehmen Anteil am Schicksal der Menschen hier. Aber ich frage mich, ob sie auch die gleichen generösen Angebote gemacht haben, als vor einem Jahr ein Erdbeben Haiti nahezu völlig zerstört hat. Als wir 2008 nach dem schweren Beben in China in Sichuan waren, gab es solche Mails jedenfalls nicht. Und dort hatten fast 90.000 Menschen ihr Leben und Millionen ihr ganzes Hab und Gut verloren. Aber nicht nur Zuschauer in Deutschland kommen auf die Idee, die japanischen Opfer ins Land zu holen. Russlands Präsident Medwedew, lese ich in einer Meldung, bietet ihnen an, sich in Russland niederzulassen. In Sibirien gäbe es jede Menge Platz und außerdem könne man ja auch gemeinsam die Gasfelder dort erschließen. Es wird Zeit, dass wir aufbrechen in den Norden, die Menschen dort ihre Geschichten erzählen lassen. Wir müssen das Bild in den Köpfen daheim ein bisschen geraderücken. Die Welt scheint durch diese Katastrophe in einem der reichsten Länder der Erde tief in einen Bann gezogen, der an der Lebenswirklichkeit der Menschen hier in Japan völlig vorbei geht. Niemand überlegt sich hier, das Land zu verlassen, im Stich zu lassen, wie viele sagen.

Jörg, Toby und Katsu, Fuyukos Mann, der sich angeboten hat, uns hier in Osaka zu fahren, ziehen los, um die besprochenen Dinge zu kaufen. Unterhosen, Handschuhe, Mützen, Gaskocher und vor allem Müsliriegel und Brot. Wir werden viele Kalorien verbrauchen. Toby plädiert noch für Kopflampen. Ich hätte es vorher wissen können. Wenn Jörg losgeht, Lebensmittel zu kaufen, dann kommt er mit einer Kiste voller Schokolade, Bonbons und Fruktosegelee zurück. „Wieso? Sind doch alles Kalorien!" Gegen Mittag haben wir uns so weit organisiert, dass wir eigentlich schon aufbrechen könnten, aber die Meldungen, die heute und auch am nächsten Tag die Schlagzeilen beherrschen, machen nicht gerade besonders viel Mut. Zwar sei die Situation an den Reaktoren einigermaßen stabil, heißt es. Die Radioaktivität sinke leicht, die Kühlung scheine Erfolg zu haben. Auch sei das Notstromkabel an die Reaktorblöcke 1 und 2 gelegt und man hoffe, dass schon bald die reguläre Kühlung funktioniere. Außerdem habe man Löcher in die Reaktorblöcke 5 und 6 gebohrt, damit aufsteigende Gase entweichen können und dadurch weitere Wasserstoffexplosionen verhindert werden. Aber die Auswirkungen der ersten Explosionen werden immer deutlicher. In Milch und Spinat in der Provinz Fukushima werden Strahlenwerte gemessen, die über den amtlichen Grenzwerten liegen. Und auch im Trinkwasser der angrenzenden Präfekturen, bis hin nach Tokio, werden Spuren ratioaktiven Jods gemessen. In einer eilig einberufenen Pressekonferenz versucht Yukio Edano zu beruhigen. Die radioaktiven Belastungen der Lebensmittel und des Wassers stellten kein unmittelbares Gesundheitsrisiko dar, verkündet er. Man müsse die Milch ein Jahr lang trinken, um die gleiche Strahlenbelastung zu erhalten wie bei einer Computertomographie (CT), und die Belastung des Trinkwassers außerhalb von Fukushima liege weit unter dem zulässigen Grenzwert. Da ist es wieder, dieses Runterspielen, dieses Verharmlosen. Der Vergleich mit einer CT soll beruhigen, Angst nehmen, aber Edano verschweigt, dass man bei einer CT etwa 10 Millisievert aufnimmt und das zusätzlich zu der Strahlung, der man sowieso ausgesetzt ist. Strahlenbelastung aber summiert sich und mit jeder weiteren Belastung steigt die Wahrscheinlichkeit an Krebs zu erkranken. Und es ist zwar richtig, dass die Belastung des Wassers in Tokio unter den Grenzwerten liegt. Aber wie sind diese radioaktiven Partikel überhaupt so weit in den Süden gelangt? Der Wind hat doch bislang immer aufs Meer hinaus geweht. Keine Erklärung von Edano dafür.

Und dann sind da immer noch diese schweren Nachbeben. Bis heute 262 mit einer Stärke von 5 und mehr. Es ist die größte Häufigkeit von Nachbeben dieser Stärke, die jemals aufgezeichnet wurde. Heute erschüttert ein Beben der Stärke 6,1 die Region südlich von Fukushima. Werden die schwer zerstörten Reaktorblöcke auch diesen Schlag noch aushalten? Stabiler werden sie dadurch jedenfalls nicht.

„Also, was machen wir? Fahren oder nicht fahren? Im Moment sieht es ja nicht gerade danach aus, als ob die Situation da oben besser würde. Im Gegenteil."

Jörg, Fuyuko, Toby und ich haben uns zurückgezogen, müssen eine Entscheidung treffen, bevor wir die Fahrer in Tokio in Bewegung setzen; und vor allem müssen wir Flüge buchen. Nicht dass wir die Fahrer schicken und dann nicht hinterher kommen.

„Du weißt, ich würde gerne fahren. Mir geht dieses ganze Geschalte hier aus dem Studio auf die Nerven. Wir haben alles, was wir brauchen. Wir haben genug zu essen ..."

„Süßigkeiten meinst du."

„... und Getränke bringen die Fahrer aus Tokio mit."

„Aber es macht schon ein bisschen nervös, dass sie da oben jetzt Strahlung in Spinat, Milch und Wasser messen. Das heißt doch, dass da viel mehr von diesem Mist durch die Gegend geflogen ist, als sie bislang zugegeben haben."

„Ich sehe das wie du, Toby. Wir müssen aufpassen, dass wir uns nicht daran gewöhnen, dass täglich neue Horrormeldungen kommen. Fest steht doch, dass sie die Reaktoren nach wie vor nicht unter Kontrolle haben und dass an immer mehr Orten eine Strahlenbelastung gemessen wird. Und dann sind da noch die Nachbeben, die den Reaktoren immer noch den Rest geben könnten."

„Das ist richtig, aber wenn ihr nach Shonai fliegt und dann erstmal nach Yamagata fahrt und dann weiter nördlich an die Küste, dann seit ihr weit genug weg, und der Wind bläst zurzeit aufs Meer hinaus oder Richtung Tokio, also in jedem Fall nicht in eure Richtung."

„Toby, was meinst du?"

„Ich glaube, Fuyuko hat recht. Wenn wir uns nördlich halten, geht das wahrscheinlich in Ordnung. Und wenn die Dinger doch noch mal explodieren, dann haben wir zwei Richtungen, in die wir uns verdrücken können. Entweder weiter Richtung Norden oder in den Westen. In zwei Richtungen kann der Wind ja nicht gleichzeitig blasen."

„Jörg?"

„Ich sehe da kein großes Problem. Wir müssen nur sicherstellen, dass jemand rund um die Uhr die News checkt und uns sofort informiert, wenn es Schwierigkeiten mit den Reaktoren gibt."

„Also gut, abgemacht, dann fahren wir."

Yamagata

Der Flug geht um acht Richtung Tokio. Eine Stunde Flug, umsteigen, und noch mal eine Stunde nach Shonai. In Osaka konnte man tagsüber, wenn es nicht gerade geregnet hat, im T-Shirt rausgehen. Hier oben liegt alles unter einer dicken, weißen Decke. Die Berge sind tief verschneit. Der Himmel ist grau, es ist feucht, Schneeregen. Schon beim Blick aus dem Fenster im Anflug auf Shonai fange ich an zu frieren. Der Premierminister hat seine Reise in die Region für heute abgesagt. Zu kalt, zu viel Schnee, zu stürmisch, zu schwierig mit dem Helikopter zu starten und zu landen. Da haben wir uns ja genau den richtigen Zeitpunkt ausgesucht, um hier hoch zu kommen. Shonai ist ein kleiner Flughafen, umgeben von Reisfeldern zwischen Meer und Bergen. Unsere beiden Fahrer erwarten uns schon. Zuerst fahren wir zur lokalen Polizeistation, um die Sondergenehmigung zu beantragen und abzuholen. Es geht schnell, Fuyuko hatte schon alles gefaxt. Alles ist vorbereitet, jetzt wollen die Beamten nur noch mal die Originale sehen.

Nach fünf Minuten ist alles erledigt. In China oder in Deutschland hätten wir dafür wahrscheinlich Wochen gebraucht. Es ist halb zwei, als wir uns Richtung Yamagata aufmachen. In gut vier Stunden ist das Licht weg. Dann können wir vergessen, draußen zu drehen. Wir müssen uns beeilen, eine Geschichte finden, bevor das Licht runter ist. Fernsehen ist immer auch ein Kampf gegen die Zeit, ein Kampf um das Licht.

Das Bild, das uns in Yamagata erwartet, hatten wir nicht vor Augen, als wir daran dachten, hierher zu kommen. Yamagata liegt mitten in den Bergen, umgeben von schneebedeckten Riesen. Zehntausende Flüchtlinge sollen in der Stadt untergekommen sein, aber die Straßen sind leer, gespenstisch leer. Auch vor einem der größten Auffanglager, der städtischen Sporthalle, in der mehrere Tausend Flüchtlinge Schutz gefunden haben sollen, praktisch keine Menschen. Das hatten wir uns irgendwie anders vorgestellt. Selbst in der Eingangshalle kaum Bewegung, kaum Menschen. Hinter ein paar Tischen sitzen Helfer der Stadtverwaltung und Freiwillige. Sie registrieren Neuankömmlinge, verteilen Decken, Kleidung, Strümpfe, Hygieneartikel und auch für die ganz Kleinen wird gesorgt. In einer Ecke große Kisten mit Windeln und Strampelanzügen. Alles wirkt sehr ruhig, professionell und perfekt organisiert. Aber für wen? Es sieht so aus, als würden sie hier erst noch auf die Flüchtlinge warten. Einer der Verantwortlichen gibt uns ohne irgendwelche großen Fragen die Genehmigung, hier alles zu drehen. Wenn wir mit den Flüchtlingen sprechen wollten, die seien in der Halle. Wir gehen eine Treppe hinab in einen größeren Vorraum zu dem, was eigentlich das Spielfeld ist. Überall Bücherregale. Eine Frau mit einem kleinen Kind auf dem Rücken sucht nach Kinderbüchern. Aber auch hier ist nicht besonders viel los. Das ändert sich schlagartig, als wir die Tore zum Spielfeld öffnen. Tausende Menschen kauern auf dem Boden in kleinen Gruppen, denen Parzellen zugeteilt wurden. Auch auf den Tribünen sitzen Menschen. Überall hängt Wäsche zum Trocknen. Kinder, Eltern, Großeltern sitzen zusammen auf Pappe und Decken. Manche spielen Karten, andere dösen, einige starren nur vor sich hin, und man kann erahnen, was sie in der letzten Zeit durchgemacht haben. Hier drinnen ist es kühl, aber nicht kalt. Die Körperwärme der vielen Menschen ersetzt die Heizung, die ganz offensichtlich nicht funktioniert. Es ist extrem ruhig in der Halle, dafür dass so viele Menschen auf so engem Raum leben. Jeder nimmt auf den anderen Rücksicht. Es ist ein faszinierendes Verhalten, das mir tiefen Respekt einflößt und dem wir uns alle anpassen. Während Alex, unser Kameramann und Cutter, der uns aus Deutschland zur Verstärkung geschickt wurde, draußen das letzte Tageslicht nutzt, suchen wir nach einer Familie, die mit uns sprechen möchte, und wir treffen auf Familie Konno. Familie Konno gehört nicht zu der Gruppe vieler hier, die sich vor dem Tsunami in Sicherheit gebracht haben, die durch die Welle alles verloren haben. Familie Konno wurde evakuiert. Ihr Haus steht innerhalb des 20-Kilometer-Sperrgebiets rund um das Atomkraftwerk. Herr Konno erzählt uns, dass er selbst einmal als Monteur im Atomkraftwerk gearbeitet und nie daran gedacht habe, dass es einmal zu einer solchen Katastrophe kommen könnte.

„Ich habe unsere Kernkraftwerke immer für sicher gehalten", sagt er. So wie es aussehe, könne er mit seiner Familie wohl nie wieder in ihr Haus zurückkehren. Japan sei in großen Schwierigkeiten, er würde niemandem mehr vertrauen. Man spürt seine Wut, aber man sieht sie ihm nicht an. Während wir hier in Yamagata versuchen, uns ein Bild von der Seelenlage der Menschen zu machen, spitzt sich die Situation um das Atomkraftwerk weiter zu. Fuyuko ruft an.

„Aus zwei Reaktorblöcken steigt Rauch auf. Tepco zieht seine Arbeiter am Atomkraftwerk ab. Die weiteren Rettungsarbeiten werden erstmal auf morgen verschoben. Dann haben sie mittlerweile auch im Meer erhöhte Strahlung festgestellt. Jod liegt knapp 130-mal über dem Grenzwert und Cäsium 25-mal. Für vier Präfekturen hat die Regierung außerdem ein Auslieferstopp für Milch und verschiedene Gemüsesorten erlassen. An manchen Orten außerhalb der 30-Kilometer-Zone haben sie jetzt über 100 Mikrosievert die Stunde gemessen. Das heißt, innerhalb von 10 Stunden bekommt man die normale Jahresdosis ab. Und dann ist da noch die Gemeinde Iitate, so 40 bis 50 Kilometer nördlich vom Atomkraftwerk. Die Menschen dürfen dort jetzt kein Leitungswasser mehr trinken – zu stark verseucht."

„Was bedeutet das für uns, Fuyuko?"

„Ich würde meinen, ihr solltet einen größeren Bogen um die Region machen, wenn ihr da rüber fahrt. Die Situation ist einfach zu unübersichtlich."

„Danke dir, Fuyuko, heute Nacht bleiben wir erstmal in Yamagata. Lass uns morgen früh noch mal telefonieren, bevor wir losfahren."

Gegen sechs Uhr abends ein Gong in der Halle. Er ruft zum Essen. Ruhig und geordnet kommen die Menschen heraus, stellen sich an, niemand drängelt. Jörg und Toby drehen diese gut organisierte und gesittete Essenausgabe, als ich, etwas hinter den beiden, von einem Mann im mittleren Alter auf Englisch angesprochen werde. Das kommt eher selten vor, denn Englisch spricht in Japan merkwürdigerweise kaum jemand.

„Wo kommt ihr her?"

„Aus Deutschland. Aber ich lebe in Peking und Tokio. Wo kommen Sie her?"

Der Mann bewegt sich langsam mit der Schlange vorwärts, in der Hand ein Tablett. Mir fällt auf, dass seine Hände extrem zittern.

„Ich komme aus Minamisanriku, aber die Stadt gibt es nicht mehr", sagt er in einem Tonfall, als würde ihn das nicht wirklich betreffen.

„Wie meinen Sie das, die Stadt gibt es nicht mehr?" Aber ich ahne schon die Antwort. Und die kommt genauso unbeteiligt wie die Antwort zuvor.

„Dort steht kein Haus mehr. Der Tsunami hat alles mitgerissen. Auch meine Kinder und meine Frau." Sein Tonfall bleibt weiter ruhig und gefasst, aber aus seinen Augen rollen jetzt Tränen. Er wischt sich die Tränen nicht ab, spricht einfach weiter, ganz ruhig und scheinbar teilnahmslos.

„Als die Tsunamiwarnung kam, bin ich von der Arbeit sofort zu unserem Haus gelaufen. Meine Frau und ich haben unsere beiden kleinen Töchter auf den Arm genommen und sind losgerannt, so schnell es ging raus aus dem Haus und nach oben auf höher gelegenes Gelände in unserem Dorf. Plötzlich hörten wir hinter uns ein fürchterliches Grollen, ein Knacken und Bersten. Ich habe mich umgedreht, war schon etwas weiter oben als meine Frau mit unserer Kleinen. Da kam das Wasser auch schon und die beiden verschwanden in den Fluten."

Seine Stimme passt jetzt überhaupt nicht mehr zu seinen roten Augen, aus denen immer mehr Tränen hervorquellen. Ich nehme ihm sein Tablett ab, das ihm aus den Händen zu gleiten droht. Mir schnürt sich der Hals zu und auch mir steigen die Tränen in die Augen. Ich sehe meine Frau mit unserm Sohn auf dem Arm.

„Unsere Große und ich sind weitergerannt. Aber ich konnte sie nicht mehr festhalten, als die Welle uns verschluckte. Ich weiß nicht, warum ich es geschafft habe, weiß nicht mehr, was passiert ist. Aber ich wünschte, ich wäre bei ihnen geblieben."

Seine Stimme ist immer noch völlig gefasst. Äußerlich aber scheint er sich aufzulösen. Wir stehen uns für einen Moment schweigend gegenüber, versuchen unsere Gefühle in den Griff zu bekommen. Die Menschen vor und hinter uns in der Schlange scheinen keine Notiz von uns zu nehmen.

„Mir tut dass wirklich unendlich leid", sage ich mit halb gebrochener Stimme. Der Mann blickt verschämt zu Boden. Ich habe das Gefühl, dass er sich dafür schämt, mich mit seiner Geschichte belastet zu haben. Und dann reißt er mich mit einem Satz ins Hier und Jetzt zurück.

„Ihr Deutschen tut mir auch leid!"

„Entschuldigen Sie. Habe ich Sie richtig verstanden? Wir Deutschen tun Ihnen Leid?"

„Ja!"

„Warum?"

„Ihr werdet immer noch wegen Hitler beschimpft!"

„Wie meinen Sie das? Hitler war ein Verbrecher, ein Massenmörder, der Millionen Menschen umgebracht hat."

„Sehen Sie, Sie schämen sich für Adolf Hitler. Aber Hitler war ein großer Führer, auf den Sie eigentlich stolz sein müssten. Er hat Deutschland nach dem Ersten Weltkrieg wieder stark gemacht. Ohne Hitler wäre Deutschland heute nicht da, wo es ist."

„Das meinen Sie jetzt nicht im Ernst, oder? Deutschland ist heute da, wo es ist, weil die Alliierten unter Führung der Amerikaner das Naziregime besiegt und uns Demokratie und Freiheit gebracht haben."

„Nein, wenn Deutschland den Krieg gewonnen hätte, dann wäre es heute noch stärker und Japan auch. Es war ein feiger Bombenkrieg gegen unsere Nationen, sogar mit Atombomben."

Ich fühle mich auf einmal an einem völlig falschen Ort, frage mich, ob ich mir in einer Art Übermüdungsdelirium irgendetwas zurechtfantasiere. Hat dieser Mann mir nicht noch vor einer Minute mit Tränen in den Augen davon erzählt, wie er seine Frau und seine Kinder verloren hat? Und jetzt kommt er mir damit, dass Hitler ein großer Führer war? Die Nähe, die ich eben noch zu ihm gespürt habe, als er mir sein tieftrauriges Schicksal erzählt hat, verwandelt sich in Distanz. Ich spüre in mir etwas, das mir Angst macht, das ich mit dieser Wucht so noch nicht erfahren habe. Ich spüre, wie nah Gut und Böse beisammen liegen können. Ich fühle großes Mitleid mit dem Mann und gleichzeitig eine tiefe Abneigung gegen seine Person. Ich wünschte mir, seine Familie wäre noch am Leben, aber gleichzeitig gehen mir böse Gedanken durch den Kopf. So böse, dass ich mich im nächsten Moment dafür schäme. Auch wenn er politisch ganz offensichtlich ein Arschloch ist, ist er doch ein Mensch, der seine Familie verloren hat. Was bin ich doch für ein Wicht. Ich muss hier weg, schnell. Ich wünsche ihm noch alles Gute, vermeide ihm die Hand zu geben, muss raus an die frische Luft und meinen Kopf kühlen. Nicht weiter dran denken, irgendwann hast du Zeit dafür. Nicht jetzt, Du musst noch Live schalten, du brauchst einen klaren Kopf. Alex und ich bauen draußen vor der Halle unsere Übertragungstechnik auf. Bei minus fünf bis acht Grad. Ich bin so erschöpft, dass ich trotz langer Unterhose und Daunenjacke bis auf die Knochen friere. Wie soll ich diese Nacht bloß durchstehen? Nach dem *Mittagsmagazin* sind es noch fast neun Stunden bis zum *heute journal*. Hier ist es dann schon wieder Viertel vor sechs. Hoffentlich gibt es die Möglichkeit etwas aufzuzeichnen. Vielleicht gleich nach der *heute*-Sendung um 19 Uhr. Dann wäre es hier immerhin erst etwa Viertel nach drei.

Den größten Teil der Nacht verbringen Alex und ich auf Stühlen in der Vorhalle zum Spielfeld. Es ist hier bitter kalt, aber wir wollen den Flüchtlingen drinnen nicht den knappen Platz streitig machen. Jörg und Toby schneiden in einem Nebenraum. Eigentlich wird gegen elf der Strom im Stadion abgeschaltet. Für uns machen sie heute eine Ausnahme. Sie wollen, dass wir berichten. Ich schlafe auf einer Stuhlreihe ein, zittere aber so stark, dass mir die Helfer eine Decke überlegen. Drei Stunden sind es noch bis zur Aufzeichnung mit dem *heute journal*.

Fuyuko hat für uns am Abend von Osaka aus noch ein Hotel gefunden. Es soll dort Strom geben und angeblich auch warmes Wasser. Um Viertel nach vier sind wir im Hotel und es gibt Strom. Wir können also unsere Batterien für Kamera und Computer aufladen. Warmes Wasser gibt es nicht. Auch die Heizung funktioniert nicht so recht. Egal. Unter die Decke, schnell. Um sieben ist Abfahrt Richtung Küste.

Minamisanriku

Wir treffen uns mit aufgequollenen Augen an den Wagen. Jeder mit einem Becher Kaffee aus dem Automaten in der Hand. Die Fahrer haben warmes Hefebrot besorgt. Wir dürfen uns aber nicht aufhalten, müssen im Auto essen. Das *Morgenmagazin* möchte etwas von uns haben. Aber wir wissen noch nicht einmal, wo wir sind, wenn die Sendung in sechseinhalb Stunden beginnt.

„Wo fahren wir eigentlich hin?“, fragt Jörg dann auch.

„Fuyuko hat mich gestern angerufen und gemeint, wir sollten einen größeren Bogen machen. Es wird jetzt auch immer weiter nördlich eine hohe radioaktive Belastung gemessen. Mittlerweile schon in etwa 60 Kilometer Entfernung. Ich habe das in der Nacht noch mal gecheckt.“

„Also haben die Amis doch recht mit ihrer 80-Kilometer-Zone.“

„Sie liegen auf jeden Fall besser als die Japaner mit ihren 30 Kilometern“, meint Toby.

„Aber wo fahren wir denn jetzt hin?“, beharrt Jörg.

„Ich hatte gestern ein Erlebnis der besonderen Art. Als ihr die Essenausgabe im Stadion gedreht habt, hat mich ein Mann angesprochen. Er war ein Hitler-Fan und hat gesagt, er käme aus Minamisanriku, aber die Stadt gäbe es nicht mehr. Der Tsunami habe sie ausgelöscht."

„Und wo ist das?"

„Ich schätze etwa 100 Kilometer nördlich vom Atomkraftwerk", sagt Toby, der die Karte auf dem Schoß liegen hat.

„Wir brauchen bestimmt zwei Stunden, mindestens, wenn die Straßen dahin überhaupt befahrbar sind", meint unser Fahrer.

„Ich denke, wir sollten dahin fahren. Nach allem, was mir der Hitlerfreund erzählt hat, ist das ein Ort, an dem wir die Tsunamikatastrophe richtig verstehen können."

„Wieso eigentlich Hitlerfreund? Was ist denn das für ein Scheiß?"

Ich erzähle Jörg und Toby, was passiert ist.

Wir fahren über einfache Straßen durch eine Schneelandschaft, passieren kleine Dörfer, denen das viertstärkste jemals gemessene Erdbeben ganz offensichtlich nichts angehabt hat. Es ist ein friedliches und harmonisches Bild mit schneebedeckten Tannen und Fichten an den steilen Berghängen. Immer wieder dazwischen Bauernhäuser, aus deren Schornsteinen Rauch aufsteigt. Am liebsten würde ich aussteigen und ein bisschen im Schnee spazieren gehen. Richtung Pazifik werden aus den Bergen bewaldete Hügel, der Schnee wird weniger. Kurz vor der Küste nehmen wir ein Stück Autobahn Richtung Norden. Die Autobahn ist bis auf ein paar Militär- und Rettungsfahrzeuge praktisch leer. Nach etwa 30 Kilometern fahren wir ab. An der Ausfahrt Polizeikontrolle. Mit unserer Sondergenehmigung aber werden wir ohne Fragen durchgewunken. Noch immer keine Anzeichen von größerer Zerstörung. Die Häuser stehen, hin und wieder geborstene Fensterscheiben, Risse in der Fassade, manchmal ein eingestürztes Vordach, aber keine Anzeichen einer großen Katastrophe. Nur der Mobilfunkempfang wird schlechter, bricht immer wieder ab. Als der Empfang gerade mal wieder da ist, halten wir an, um die letzten Nachrichten zu checken.

Die IAEO meldet, dass die Schutzhüllen der Reaktoren wohl keine größeren Löcher hätten, dass zwar immer noch Radioaktivität entweiche, man aber nicht genau wisse, ob aus den Reaktoren oder den Abklingbecken. Diese Frage sei schwierig zu beantworten, weil ein direkter Zugang nicht möglich sei.

„Und woher wissen sie dann, dass die Schutzhüllen keine größeren Löcher haben, wenn sie es eigentlich gar nicht wissen können, weil sie keinen Zugang haben? Das ist doch alles ein ganz großer Mist hier!"

„Sie versuchen das alles runterzuspielen, denn eigentlich wird es ja wohl immer schlimmer mit der Verseuchung. Ich lese hier gerade, dass auch bei Brokkoli und Rohmilch die Grenzwerte überschritten werden. Aber Brokkoli wächst doch in dieser Jahreszeit, bei der Kälte, bestimmt nicht auf dem freien Feld, sondern in Gewächshäusern. Das Gleiche mit den Kühen. Auf der Weide sind die noch nicht, oder habt ihr welche gesehen?"

Niemand erklärt, wie die Radioaktivität in die Lebensmittel gelangt. In Deutschland erklärt ein Strahlenbiologe, dass er den Eindruck habe, dass die Öffentlichkeit nicht wahrheitsgemäß unterrichtet werde. Bislang habe er noch keine Messdaten gesehen von Stellen, denen er vertrauen würde. Zum Glück haben wir unseren eigenen Geigerzähler dabei. Noch haben wir keine erhöhte Strahlung gemessen.

„Habt Ihr schon mal etwas von der deutschen Firma Putzmeister gehört?", fragt Toby.

„Nein. Wieso?"

„Ich lese hier gerade, dass ein Spezialfahrzeug dieser Firma jetzt eingesetzt wird, um Wasser auf die Reaktoren zu pumpen. Eigentlich ist das wohl ein Fahrzeug, das auf Baustellen auch in große Höhen noch Beton pumpen kann, eine Art Riesenbetonpumpenkran. Wäre das nicht eine schöne Schlagzeile? Deutsche Betonpumpe rettet Japan!"

„Interessanter aber wäre doch vielleicht die Geschichte: Warum braucht Japan deutsche Betonpumpe?"

Aber dann ist da noch eine Meldung, die uns zurückbringt in die traurige Realität. „Tote werden in Massengräbern beerdigt."

Hier in der Präfektur Miyagi, in der wir uns gerade befinden, werden die Toten nur in Tücher gehüllt in Massengräbern beerdigt. Eigentlich verlangt die Tradition in Japan, dass die Toten verbrannt werden, aber den Krematorien ist der Brennstoff ausgegangen. Die Leichen sollen später, wenn es wieder genug Brennstoff gibt, exhumiert werden, damit sie dann verbrannt werden können. 9000 Leichen sind bislang geborgen, aber die Polizei rechnet mit mehr als 20.000. Zehntausend davon sollen alleine in Minamisanriku, umgekommen sein. Eine innere Unruhe steigt in mir auf. Sie bewegt sich durch Bauch und Magen, Herz und Kopf. Es ist ein Widerstreit zwischen Angst, Neugier, Aufgeregtheit und absoluter Konzentration. Jeder, der öfter in Kriegs- oder Krisengebieten unterwegs ist, kennt dieses Gefühl, wenn es ernst wird, wenn sich Körper und Geist auf etwas einstellen müssen, das weit jenseits des normalen Lebens liegt.

Es sind recht schmale Landstraßen, die wir jetzt fahren, entlang einer Art Fjordlandschaft mit dichten grünen Wäldern. Hin und wieder ein paar Häuser, aber auch hier kaum Zerstörungen. Wir fahren langsam. Immer wieder kommen uns Militärfahrzeuge entgegen. Als wir in einer sanften Rechtskurve um einen bewaldeten Hügel biegen, dann das verstörend Unvorstellbare. Ein kleines Haus links neben der Straße steht noch. Kurz vor ihm stoppte das Wasser – man kann es an dem Treibgut, das vor dem Haus zu liegen gekommen ist, gut erkennen. Richtung Meer aber, das Tal hinunter, steht nichts mehr. Was für eine Wucht muss das gewesen sein, welch eine Masse an Wasser, die wie in einen Trichter das immer schmaler werdende Tal bis hier hinauf gedrückt wurde. Wir schauen uns alle gegenseitig an und können nicht fassen, was wir da sehen. Wirklich alles ist dem Erdboden gleichgemacht, begraben unter Schlamm und Trümmern. Die Straße, von und für Rettungskräfte frei geräumt, ist gut befahrbar, führt in leichtem Gefälle das Tal hinab. Je weiter wir fahren, um so mehr öffnet sich das Tal dem Pazifik, der hier eine ganze Stadt, Minamisanriku, verschluckt hat. In der Stadt, in der noch vor etwas mehr als einer Woche rund 20.000 Menschen lebten, steht nur noch das vierstöckige Krankenhaus. Die Fenster geborsten, das Gebäude durchspült vom Tsunami, auf dem Dach ein Reisebus. Hinter einer Biegung entdecken wir ein zweites Haus, das der Flut getrotzt hat und das ganz offensichtlich besonders stabil gebaut wurde, denn auch der zig Tonnen schwere Fischtrawler auf seinem Dach hat es nicht zum Einsturz gebracht. Ansonsten aber steht praktisch nichts mehr. Häuser sind wie Pilze samt ihrem Fundament aus dem Boden gerissen, liegen auf der Seite, aber auch nur die, die aus Stahl und Beton gebaut sind. Von den vielen Holzhäusern ist nur noch Bruch übrig. Was als Ganzes noch vorhanden ist, Straßenschilder, eine Stahlkonstruktion aus T-Trägern für den Hausbau, weist merkwürdig verzerrt Richtung Pazifik. Die T-Träger, verbogen wie billiger Draht, machen klar, mit welch fürchterlicher Kraft das Wasser, als es wieder abzog, das zerstört hat, was bei seiner Ankunft stehen geblieben war.

Minamisanriku sieht aus wie nach einem Atombombenabwurf, wie wir ihn uns vorstellen. Es ist erschütternd, bedrückend, furchteinflößend. Wir blicken auf Meer hinaus, das friedlich und sanft im Fjord liegt.

„Riecht ihr das?“

„Ja, es riecht nach Fisch.“

„Nein, Jörg, das ist kein Fisch.“

„Was soll das denn sonst hier sein? Bestimmt gammeln in diesem ganzen Geröll die Lagerbestände der Fischfabriken vor sich hin.“

„Nein, Jörg. Das ist ganz bestimmt kein Fisch. Es sind Leichen. Ich meine menschliche Leichen. Dieser süßliche Verwesungsduft. Ich kenne den Geruch.“

Wir haben Glück, denke ich, dass es so kalt ist. Sonst würden wir es hier nicht lange aushalten. Denn wenn der Geruch schon bei dieser Kälte so stark ist, dann müssen es viele Leichen sein, die um uns herum knapp unter der Erde liegen. Das erste Mal, dass mir so starker Verwesungsgeruch in die Nase gestiegen ist, war im Kosovo an der Grenze zu Albanien. Die Serben hatten sich zurückgezogen und dabei auf alles geschossen, was sich bewegt hat. Auf den Weiden, in Bächen, am Waldrand überall tote Kühe und Schafe. Manchmal Explosionsgeräusche, wenn eine verwesende Kuh in der frühsommerlichen Hitze einfach geplatzt ist. Über dem ganzen Landstrich lag dieser süßliche Verwesungsgeruch. An manchen Stellen so intensiv, dass mir mehr als übel wurde. Aber schlimmer noch war dieser Geruch in Beichuan 2008 nach dem großen Erdbeben in China. Die ganze Stadt war voller Leichen. Ich erinnere mich an einen Reisebus, der von einem herabfallenden Felsen getroffen worden war. Der Bus war noch voll besetzt, aber ohne jedes Leben. Schwarz-braun angelaufene Leichen hinter Büschen, unter Geröll. Am schlimmsten die Schule, in deren Überresten die Rettungskräfte nach den Kindern suchten und doch wussten, dass sie keines mehr lebend finden würden. Aber sie waren es den voller Angst wartenden Eltern schuldig, alles zu tun, was möglich war. Und über allem der süßlich-klebrige Duft der Verwesung. Ich habe zusammen mit den Eltern geweint und ich bin wütend geworden darüber, dass man so stinkt, wenn man diese Erde verlässt. Diesen Geruch hat niemand verdient. Schon gar nicht die Eltern, die auf ihre Kinder warten, von denen sie doch wissen, dass sie sie nie wieder sehen werden.

Aber während in Beichuan Tausende Angehörige und Rettungskräfte nach Überlebenden suchten, ist es hier in Minamisanriku gespenstisch ruhig. Nur an einer Stelle graben sich Soldaten mit einem kleinen Bagger vorsichtig durch den Schutt. Ein einzelner älterer Mann zieht mit einem Handkarren durch den Schlamm. Er wolle dort hin, wo einst einmal sein Haus gestanden habe, vielleicht sei ja etwas Brauchbares übriggeblieben, meint er. Ein Wunsch, der deutlich macht, wie tief er unter Schock steht. Er sei am Strand gewesen als es passierte, erzählt er uns. Als das Meer zunächst aus der Bucht herausgesogen wurde, habe er sofort gewusst, dass es mit fürchterlicher Kraft zurückkehren werde, und er sei sofort nach oben gelaufen. Jedes Jahr würden sie hier große Tsunamischutzübungen abhalten. Aber 20 Minuten Vorwarnung hätten für viele nicht gereicht, auch weil sie die Höhe der Welle, die sich hier auf fast 20 Meter aufbaute, völlig unterschätzt hätten.

Toby und ich bauen zwischen den Trümmern unsere Technik auf. Diesmal brauchen wir auch den Generator, denn Strom gibt es weit und breit nicht. Eine Kolonne von etwa 30 Feuerwehrfahrzeugen kommt von Norden her langsam durch die Stadt gefahren. Keine Ahnung, was die hier wollen. Sie ziehen langsam an uns vorbei durch die Stadt das Tal hinauf, dorthin, woher wir gekommen sind, und dann sind wir praktisch alleine an diesem apokalyptischen Ort. Es ist dunkel geworden und bitter, bitter kalt. Jörg ist mit Alex vom Drehen zurück. Sie hatten den Bürgermeister von Minamisanriku getroffen, der in einem Zelt über der Stadt die Leichenbergung koordiniert. Aber wegen Kälte und Strommangel ist damit bei Einbruch der Dunkelheit auch Schluss. Wir sind jetzt allein. Noch immer liegt ein leichter Verwesungsgeruch in der Luft, aber er wird geringer oder aber wir gewöhnen uns daran. Hier zu produzieren, ist eigentlich keine gute Idee, denke ich, denn was machen wir, wenn es ein schweres Nachbeben gibt? Niemand wird hier unten eine Tsunamiwarnung ausgeben, weil niemand damit rechnet, dass sich in dieser Dunkelheit, bei dieser Kälte noch jemand an diesem grauenvollen Ort herumtreibt. Unsere Handys funktionieren hier in der Desaster-Zone auch nicht. Kein Netz. Jörg und Alex sitzen zusammengekauert im Kofferraum unseres Minivans und schneiden einen Beitrag für das *heute journal*. Es hätte sich nicht gelohnt, die ganze Technik wieder abzubauen und an einem anderen Ort wieder aufzubauen. Das wäre alles zu knapp geworden. Also schneiden wir hier, zwischen all den Leichen, dem Geröll.

„Was machen wir eigentlich, wenn es noch mal richtig rumst?“, fragt Toby, dem das hier alles auch nicht so ganz geheuer ist.

„Dann lassen wir sofort alles stehen und liegen und fahren so schnell es geht das Tal hoch. Wenn keine Welle kommt, dann holen wir den Kram später wieder ab. Die Sachen wird schon keiner klauen. Außer uns ist keiner so bescheuert, sich mitten in der Nacht bei dieser Kälte an diesem Horrorort aufzuhalten.“

Wir stehen noch eine Weile schweigend nebeneinander und lauschen ins Dunkel Richtung Meer hinaus, hoffen, dass es heute Nacht nicht bebt.

Kesenuma

Die Nacht, oder besser das, was von ihr noch übrig war, haben wir in Morioka verbracht, 160 Kilometer nördlich von Minamisanriku. Das Wichtigste, was wir jetzt brauchen, ist Benzin. Benzin für die Wagen und Benzin für unseren Generator. An den Tankstellen aber endlos lange Warteschlangen. Wir fahren auf die Autobahn, hoffen, dass wir an einer der Tankstellen dort, die für die Rettungsfahrzeuge und Fahrzeuge mit Sondergenehmigung reserviert sind, etwas bekommen. Aber schon an der ersten Tankstelle stehen die Autos in Fünferreihe auf gut 400 Metern. Nichts geht. An der Tankstelle sagt man uns, das Benzin sei streng rationiert. Wenn etwas da sei, dann dürfe man nur für 2000 Yen tanken, umgerechnet etwa 16 Euro. In der Warteschlange erzählt uns ein Mann, dass er schon seit fünf Stunden warte. Er habe sich heute einen Tag Urlaub genommen, um zu tanken. Für uns wird es jetzt eng. Ohne Benzin kommen wir nicht mehr zurück und ohne Benzin können wir die Berichterstattung heute vergessen, denn dann haben wir keinen Strom mehr. Der Tankwart meint, wir sollten weiter in den Süden fahren, Richtung Kesenuma ins Katastrophengebiet. Dort gebe es noch eine Tankstelle für Rettungsfahrzeuge. Wir müssen uns jetzt beeilen. Das *Mittagsmagazin* will einen Beitrag. Wir können tatsächlich unsere Autos und den Generator volltanken. Aber wir haben viel Zeit verloren. Nach dem Tanken trennen wir uns. Jörg macht eine Geschichte über die Versorgungssituation, fährt zurück Richtung Morioka. Alex und ich fahren mit Julian und unserem Fahrer nach Kesenuma. Auf den ersten Blick ist die Zerstörung dort nicht ganz so groß wie in Minamisanriku, aber auch nur auf den ersten. Die Stadt ist in eine Art Ober- und Unterstadt aufgeteilt. Der höher gelegene Teil steht fast unzerstört. Ein weiteres Indiz, dass das Beben und die schweren Nachbeben den Häusern hier nichts anhaben konnten. Doch weiter unten ein völlig anderes Bild. Nichts ist dort so, wie es eigentlich sein soll. Riesige Fischtrawler stehen mitten auf der Straße, in der Bucht im Wasser treiben die Autos. Verbrannte und übereinandergewürfelte Schiffe an der Küste. Ein Alptraum, der sich hier abgespielt haben muss. Kesenuma war vor dem Tsunami einer der wichtigsten Fischereihäfen Japans. Aber das war einmal. In den Trümmern Menschen, die Fensterrahmen ausbauen, Stühle und Tische, die nicht zerstört wurden, auf einen Pritschenwagen laden.

„Wir retten, was zu retten ist“, sagen sie uns. „Wir müssen von vorne anfangen, alles wieder aufbauen, aber das wird bestimmt Jahrzehnte dauern. Eine Alternative haben wir aber nicht. Wo sollen wir denn hin?“ Ob sie keine Angst haben vor der Radioaktivität aus den zerstörten Reaktoren weiter südlich, wollen wir von ihnen wissen.

„Weißt du, die Katastrophe hier ist so groß, wir können uns nicht über alles Gedanken machen“, sagt uns einer der Männer, die mit Helmen auf dem Kopf und Tüchern vor dem Mund in den Überresten eines Restaurants herumwühlen. Ein älterer Herr spricht uns am Hafen an. Er habe sich in den vierten Stock seines Bürogebäudes geflüchtet, als der Tsunami kam. Dass er noch lebe, habe er einer kleinen vorgelagerten Insel zu verdanken. Die habe die bestimmt 30 Meter hohe Welle gebrochen und teilweise in die benachbarte Bucht umgeleitet. Er zeigt uns das Haus, in dem er Schutz fand. Auf der Straße davor, wie überall in der Stadt, Schiffe, die wie Kinderspielzeug hingeworfen sind.

„Als die Tsunamiwarnung kam, bin ich sofort nach oben gelaufen. Aus dem Fenster heraus habe ich gesehen, wie die Welle über die Insel ging und alles mitriss. Plötzlich brannte die Welle lichterloh. Auf der Insel war ein Treibstofftank. Der muss explodiert sein, als der Tsunami ihn weggerissen hat. Eine riesige brennende Welle kam auf mich zu. Diese brennende Welle aber drehte in die Nachbarbucht ab. Und dort hat sie alles zerstört. Was der Tsunami nicht geschafft hat, ist verbrannt. Gleich hier drüben hinter dem Hügel."

Plötzlich erinnere ich mich. In der ersten Nacht nach dem Beben hatte das japanische Fernsehen Bilder einer brennenden Stadt an der Küste gezeigt, einer Stadt, die dem Erdboden gleichgemacht wurde – durch Wasser und Feuer.

„Können wir einen Blick in die Bucht werfen?"

„Nein, die Straße ist gesperrt."

Zuletzt machen wir noch Halt an der Grundschule. Sie liegt in der „Oberstadt", ist zu einem Auffanglager für die Menschen aus der „Unterstadt" umfunktioniert worden. Wie schon in Yamagata wirkt auf uns alles extrem gut organisiert. Die Klassenräume sind zu Schlafsälen umfunktioniert, es gibt eine Essenausgabe. Am beeindruckendsten aber sind auch hier die ungeheure Diszipliniertheit und Rücksichtsnahme der Menschen, die alles verloren haben. Es ist schon wieder dunkel geworden. Wir müssen los, treffen auf eine Dame mit Kopftuch und Schürze. Sie spricht uns auf Englisch an, war früher mal Englischlehrerin an der Schule hier.

„Kann ich ihnen vielleicht helfen?"

„Danke, wir wollten uns nur einen Überblick über die Situation hier verschaffen."

„Ich besuche meine Verwandten. Alle haben überlebt. Meine Kinder, meine Enkelkinder. Sie haben es geschafft, der Welle davonzurennen"

„Sie müssen ein sehr glücklicher Mensch sein."

„Ja, ich bin ein sehr glücklicher Mensch, aber es war kein Glück, dass sie überlebt haben. Wissen Sie, meine Familie lebt hier schon seit vielen Generationen. Wir haben schon viele Erdbeben und Tsunamis erlebt."

„Darf ich fragen, wie alt Sie sind?"

„Ja natürlich. Ich bin 74."

„Ein solches Beben und einen solch gewaltigen Tsunami hat es doch noch nie gegeben, oder?"

„Nein, so etwas haben wir noch nie erlebt. Die Erde hat gar nicht mehr aufgehört zu beben. Normalerweise dauert so ein Erdstoß 20 bis 30 Sekunden. Dann ist es vorbei. Aber dieses Mal hat es gar nicht mehr aufgehört. Es war schrecklich. Alle, die hier schon seit Generationen leben, wussten sofort, dass etwas sehr Schlimmes passieren würde. Deswegen hat meine Familie überlebt."

„Wie meinen Sie das?"

„Wir haben gar nicht erst auf die Tsunamiwarnung gewartet. Wir haben alles stehen und liegen lassen und sind alle sofort losgerannt. Deswegen haben wir überlebt. Gestorben sind die Zugereisten, die zu lange gezögert haben."

Es sind Minuten, vielleicht sogar nur Sekunden, die über Leben und Tod entschieden haben – der eine Gedanke daran, was man noch mitnehmen soll, das Telefongespräch mit dem Mann, der Frau, den Verwandten, das Zögern, das Überlegen, das Runterspielen, das Unausweichliche nicht wahrhaben wollen.

Auf dem Weg raus aus Kesenuma fragen wir uns, ob wir es wohl geschafft hätten, ob wir diesen Erdschlag richtig gedeutet, ob wir gezögert, nach Geld und Papieren gesucht hätten. Wahrscheinlich wären auch wir gestorben, an einem kalten Freitagnachmittag an der Nordostküste von Japan.

Auf der Autobahn. Unsere Handys funktionieren wieder. Die Nachrichten in Deutschland, in der Welt werden dominiert von der Atomkatastrophe. Von dem Schicksal der Menschen hier spricht praktisch niemand. Vielleicht auch, weil nicht allzu viele Reporter hier in der Gegend sind. Die Kosten der Katastrophe werden geschätzt. Von 130 bis 308 Milliarden Dollar ist die Rede. Was solche Zahlen zu diesem Zeitpunkt sagen sollen, frage ich mich. Sie liegen so weit auseinander, dass niemand wirklich etwas mit ihnen anfangen kann. Da machen sich an vielen Orten in der Welt Leute mit Rechnungen wichtig, ohne auch nur im Ansatz zu wissen, was hier wirklich los ist. Wie kommen diese Leute in ihren Büros in New York, London, Frankfurt, Berlin oder sonst wo auf solche Zahlen? Auch im Atomkraftwerk sieht es alles andere als gut aus. Grauer Rauch über Reaktor 3, die Reparaturarbeiten an Block 2 mussten wegen steigender Strahlung unterbrochen, die Arbeiter mal wieder evakuiert werden. 500 Millisievert messen sie da jetzt die Stunde. Immer weiter breitet sich die radioaktive Strahlung in der Präfektur Fukushima aus. Mittlerweile gilt ein Lieferstopp für elf Gemüsesorten. Aber auch in Tokio scheint es jetzt ernst zu werden. Es heißt, die radioaktive Strahlung im Trinkwasser von Tokio habe die Gefahrengrenze für Neugeborene überschritten. Entsprechend der gesetzlichen Vorschriften sei das Leitungswasser derzeit nicht für die Zubereitung von Babynahrung geeignet, wird ein Vertreter der Tokioter Stadtverwaltung zitiert. Die in einem Stadtviertel gemessene Strahlung habe mehr als das Doppelte über dem Grenzwert gelegen. Und dann rumst es wieder. Nachbeben der Stärke 6. Zum Glück sind wir nicht mehr unten am Wasser.

Tokio

Auf unserem Weg zurück nach Osaka, Zwischenlandung in Tokio. Wir entscheiden uns, einen Tag zu bleiben. Das belastete Trinkwasser ist die Story heute. Über Toby kommen wir schnell an eine Tagesmutter ran, kleine Kinder und ihre Eltern, die sich sorgen. Am Flughafen teilen wir uns auf. Jörg fährt mit zur Tagesmutter. Alex und ich fahren in die Stadt, machen das Studio sendefähig, danach drehen wir in Supermärkten. Getränke, ganz besonders aber Wasser, sind so gut wie ausverkauft. Die Menschen stehen Schlange für Wasser. Mehr als zwei Flaschen pro Person aber gibt es nicht. Zum ersten Mal seit Beginn der Krise habe ich jetzt doch das Gefühl, dass sich unterschwellig Panik in den Menschen breit macht, auch wenn sie noch sehr ruhig wirken. Die Regierung spürt das anscheinend auch. Yukio Edano warnt erneut vor Hamster- oder Panikkäufen. Die Belastung des Trinkwassers sei für Erwachsene völlig unbedenklich. Aber hier vor den Supermärkten glaubt ihnen schon lange keiner mehr.

„Wenn es für Kinder schädlich ist, dann ist es bestimmt auch nicht gut für meinen Mann und mich", meint eine Frau. Und ein Mann sagt, „seit bald zwei Wochen erzählen sie uns dauernd Dinge, die dann doch nicht stimmen. Alles wird immer schlimmer. Wer sagt denn, dass sie uns jetzt mit dem Trinkwasser die Wahrheit sagen?"

Nach getaner Arbeit nehmen Jörg und ich am frühen Morgen zusammen noch ein paar Bier. Wir wissen, dass unsere gemeinsame Zeit hier in Japan zu Ende geht. Jörg muss nach Nigeria, später wird er sich nach Abijan, der bürgerkriegsumkämpften Hauptstadt der Elfenbeinküste, durchschlagen. Kugeln statt Isotope werden ihm um die Ohren fliegen.

„Und wie geht es bei dir weiter, Johannes?"

„Ich muss nächste Woche nach Nordkorea. Hab eines der seltenen Visa bekommen. Das darf ich mir nicht entgehen lassen. So eine Chance gibt es nur alle paar Jahre."

„Und wie geht es hier weiter?"

„Was meinst du? Sieht doch alles nicht besonders gut aus, oder?"

„Nein, es sieht nicht gut aus."

Die Folgen

MONATE SIND SEIT diesen letzten Bieren mit Jörg in Tokio mittlerweile vergangen und die Welt hat sich daran gewöhnt, dass in Japan ein Atomkraftwerk steht, das nach wie vor völlig außer Kontrolle ist. Die Folgen aber werden immer deutlicher, vor allem für die Menschen in der Region. Mehrmals sind Fuyuko, Toby und ich in den Monaten nach dem Beben hinaufgefahren, haben uns Schritt für Schritt dem Atomkraftwerk genähert. Wir waren kurzfristig deutlich erhöhter Strahlung ausgesetzt, haben gesehen und gespürt, wie diese unsichtbare Macht Menschen in die Verzweiflung stößt, Familien, ja ganze Gemeinden auseinanderreißt, Existenzen zerstört.

Fukushima

Es ist jetzt knapp einen Monat her, seit alles begann. Ausgerüstet mit Geigerzähler und Schutzausrüstung für den Notfall brechen Toby, Fuyuko und ich auf nach Fukushima. Mit dem Auto brauchen wir von Tokio etwa vier Stunden. Ich will wissen, wie die Menschen dort mit der Dauerkatastrophe umgehen. Je mehr wir uns der Stadt Fukushima nähern, die immerhin gut 55 Kilometer nordwestlich des vor sich hin strahlenden Atomkraftwerkes liegt, desto höher schlägt der Geigerzähler aus. Die Höhe der Strahlung ist aber erstmal noch kein Grund zur Sorge. Von 0,1 Mikrosievert in Tokio steigt die Strahlung auf 2 Mikrosievert bis zur Autobahnabfahrt Fukushima an. Die Stadt, die bis zum 11. März 2011 kaum jemand kannte und deren Name zum Synonym für Horror und Verderben geworden ist, liegt vor uns, friedlich und ruhig. Auf den ersten Blick so ganz anders, als ich mir das vorgestellt hatte. Die Geschäfte haben geöffnet, die Menschen gehen ganz normal zur Arbeit oder zur Schule, Busse und Züge fahren nach Fahrplan. Eine Stadt wie jede andere. Doch dieser Eindruck ändert sich, als wir das Krisenzentrum der Stadt betreten. Schon auf dem Parkplatz davor Militär- und Rettungsfahrzeuge. In einem Vorraum Dutzende japanische Journalisten, Kameraleute. Im ersten Stock auf der linken Seite ein Großraumbüro, rechts der Konferenzraum. Das Großraumbüro ist vollgestopft mit Monitoren und Landkarten. Soldaten, Feuerwehrleute, aber auch Tepco-Mitarbeiter, Mitarbeiter der japanischen Atomaufsicht und der Regierung drängen sich um die Tische. Alle hier sehen sehr müde aus, so als hätten sie den letzten Monat nicht geschlafen. Aus einem angrenzenden Büro kommt auf einmal der Provinzgouverneur Sato mit seinem engsten Stab. Auf dem Weg in den Konferenzraum schließen sich einzelne Vertreter der unterschiedlichen Einheiten aus dem Großraumbüro an. Etwa 40 Menschen sitzen jetzt um den Konferenztisch. Der Gouverneur erteilt das Wort und schließt bei den einzelnen Vorträgen die Augen, die er ganz offensichtlich nicht mehr aufhalten kann. Ein Vertreter der Lokalbehörden trägt Messwerte vor, die mittlerweile an vielen Orten in der Präfektur erhoben werden. Ganz besonders nimmt man sich hier in Fukushima jetzt die Schulen vor. Die Werte sind ganz unterschiedlich. Auf manchen Schulhöfen und Spielplätzen scheint alles unbedenklich zu sein, und dann sind da plötzlich andere, die man besser nicht betreten sollte, weil die Strahlung zu hoch ist. Der Gouverneur fragt, was man tun könne. Jemand antwortet, dass man die obersten ein bis zwei Zentimeter Erdschicht abtragen müsse, um die radioaktiven Partikel zu entfernen. Nur so könne man die Sicherheit für die Kinder erhöhen. Gemurmel in der Runde. So einfach ist das alles nicht. Die Regierung in Tokio wird später eine andere Lösung finden. Sie wird die Grenzwerte, denen die Kinder ausgesetzt werden dürfen, einfach um das 20-Fache nach oben setzen, auf 20 Millisievert pro Jahr. Nur so könne die Schulausbildung in Fukushima auf Dauer gesichert werden. Auf Druck der Eltern und internationaler Umweltorganisationen korrigiert die Regierung ihre Empfehlung im Mai auf einen Millisievert pro Jahr. Allerdings ist diese Empfehlung nicht bindend. Jede Gemeinde kann entscheiden, wie sie möchte, legt eigene Grenzwerte fest. Vertrauensbildend ist das nicht gerade. Weil zudem die von öffentlichen Stellen gemessenen Werte oft deutlich unter denen liegen, die die Bürger selbst messen, sieht sich die Regierung Ende Mai genötigt, alle zwei Millionen Einwohner der Provinz Fukushima langfristigen Gesundheitsuntersuchungen zu unterziehen. Am 14. Juni beschließt sie darüber hinaus, alle 34.000 Kinder mit persönlichen Dosimetern zur Strahlenmessung auszustatten. Die Geräte geben ein Warnsignal von sich, wenn bestimmte Grenzwerte überschritten werden.

Aber heute, am 11. April, ist davon noch nicht die Rede. Jetzt will der Gouverneur von den Tepco-Leuten wissen, wie die Lage im Atomkraftwerk ist. Monoton wie schon seit Ausbruch der Krise tragen sie Zahlen und Maßnahmen vor, mit denen die wenigsten hier, auch nicht der Gouverneur, etwas anfangen können. Und es ist zu spüren, wie der Gouverneur langsam ungeduldig wird. Eigentlich war Yuhei Sato nie ein großer Gegner der Atomenergie, denn Tepco brachte in die nicht besonders reiche Präfektur ein schönes Sümmchen an Steuereinnahmen. Aber als der Tepco-Präsident ihn vor ein paar Tagen besuchen wollte, um sich für alles zu entschuldigen, ließ er ihn abblitzen. Der Tepco-Boss solle sich lieber darum kümmern, dass sein Atomkraftwerk endlich unter Kontrolle gebracht werde – eine weit über die Präfekturgrenzen hinaus schallende Ohrfeige.

Nach der kurzen Konferenz, die nicht wirklich Neues gebracht hat, verschwinden alle wieder an ihre Arbeitsplätze. Wir treffen Hiroyuki Aratake im Großraumbüro. Er ist eine Art Sprecher des Krisenzentrums.

„Die Situation ist wirklich schlimm. Wir brauchen das gesamte Wissen Japans und der Welt, damit wir diese Katastrophe endlich in den Griff bekommen“, sagt er, und wir spüren die Verzweiflung in seinen Worten. Ein Hilferuf an die Welt, die schon einen Monat nach dieser Katastrophe wieder woanders hinsieht.

Im krassen Gegensatz zu der Hektik im Krisenzentrum das völlig unaufgeregte Treiben in der Einkaufsstraße. Ob sie sich denn gar keine Sorgen machen würden, fragen wir die Passanten, sie sähen so ruhig und gelassen aus.

„Nein, wir haben große Angst!“, erzählen uns drei Schülerinnen in ihren Schuluniformen.

„Wovor genau?“

„Dass wir später einmal Krebs bekommen, aber niemand erzählt uns etwas über die Gefahren hier.“

„Wollt Ihr bleiben? Würdet ihr lieber woanders hingehen?“

„Klar würde ich gerne hier weggehen, und wenn ich mit der Schule fertig bin, dann mache ich das auch. Aber was soll ich jetzt machen? Meine Schule ist hier, meine Eltern auch. Die wollen nicht weg.“

Auch ein junger Mann, Anfang zwanzig, die japanische Version eines Bronx-Rappers, mit dicker silberner Halskette, Sonnenbrille, Basecap und einer Hose, deren Bund wahrscheinlich genauso tief hängt, wie er hängen soll, spricht mit uns über seine Krebsangst. Die aber ist diffus. Viel konkreter ist die Angst um seine Zukunft.

„Mein Großvater war Bauer, mein Vater ist Bauer und ich sollte das Geschäft mal übernehmen. Aber daraus wird wahrscheinlich nichts mehr.“

„Warum das denn?“

„Wir können unser Gemüse nicht mehr verkaufen. Mein Vater hat selbst gemessen. Eigentlich ist alles o.k., aber niemand kauft Gemüse aus Fukushima. Wenn das so weitergeht, dann werden wir alles verlieren."

Und uns wird klar, wie sehr es brodelt hinter der gelassenen, ruhigen Fassade, die die Menschen vor sich her tragen.

Am Ufer des Abukuma Flusses vor der Stadt bauen wir unsere Live-Position auf. Wie üblich messen wir die Strahlung mit unserem Geigerzähler. Zwischen drei und fünf Mikrosievert die Stunde. Deutlich mehr als die 2,5 Mikrosievert, die uns vom Krisenzentrum für die Stadt genannt wurden. Ein Mann beobachtet uns, spricht uns an. Er stellt sich als Professor für Architektur vor; gerät ins Schwitzen.

„Darf ich fragen, was Sie da gerade messen?"

„Selbstverständlich. Wir messen die Strahlung."

„Und wie hoch ist sie?"

„Es schwankt so zwischen drei und fünf Mikrosievert. Ist das normal hier?"

„Sehen Sie, das ist unser Problem. Wir wissen nicht, was normal ist. Tepco und die Regierung nennen dauernd Zahlen, ohne uns zu erklären, was sie bedeuten. Die meisten Menschen hier haben überhaupt keine Ahnung und sind völlig verunsichert. Und selbst wenn wir es wüssten, woher sollen wir wissen, wo es gerade besonders gefährlich ist, wo die Strahlung besonders hoch ist? Man sieht sie ja nicht."

„Im Krisenzentrum, wo wir gerade waren, hat man uns gesagt, man würde jetzt mehr messen."

„Das stimmt, aber das Problem ist doch, dass es auf den Ort ankommt, an dem man misst. Radioaktivität verteilt sich ja nicht in konzentrischen Kreisen. Es gibt immer ‚Hot Spots', Orte, an denen die Strahlung besonders hoch ist. So viel habe ich mittlerweile verstanden. Und selbst wenn sie Tausende Messstationen aufbauen, werden sie niemals an allen Orten messen können."

Wir machen einen Versuch. Mit dem Geigerzähler der gerade vier Mikrosievert anzeigt, gehen wir entlang der Uferstraße etwa 200 Meter zur Hauptstraße. Zunächst bleibt die Strahlung gleich. Als wir aber links abbiegen in den Windschatten eines Hauses fällt sie deutlich ab, auf etwa 1,5 Mikrosievert.

„Das muss der Wind sein", meint Toby. Der bläst den ganzen Mist, die ganzen radioaktiven Partikel gerade vom Atomkraftwerk herüber."

„Toby, das Atomkraftwerk ist 50 Kilometer weg und heute scheint es keine Explosion gegeben zu haben."

„Dann sind es vielleicht die Partikel, die nach den Explosionen hier irgendwo in der Gegend runtergekommen sind und jetzt durch den Wind weiter verteilt werden."

„Kann sein, wie auch immer. Fest steht, dass wir eigentlich permanent messen müssen, weil wir jederzeit irgendwo reintappen können – Scheiße!"

Fuyuko versucht den Professor davon zu überzeugen, dass er ein Interview mit uns macht. Aber der Professor will nicht. Er meint, es sei nicht gut, wenn man sich zu weit hervorwage. Wie er das meine, will ich von ihm wissen. Die Stromkonzerne seien eine einflussreiche Größe in Japan, mehr wolle er dazu nicht sagen. Dann verschwindet er.

Nach unserem Live packen wir schnell zusammen. Vier Mikrosievert erschienen uns noch nicht bedenklich hoch. Man sollte halt nur nicht zu lange bleiben.

Nachdem alles verstaut ist, brechen wir sofort auf. Fuyuko hat noch einen Dreh organisiert. In einem Auffanglager für „Strahlenflüchtlinge" aus der direkten Umgebung des Atomkraftwerks. Wir fahren in die Dämmerung hinein, ein Stückchen raus aus Fukushima in die Berge. Nach einer halben Stunde etwa halten wir vor einem Trainingszentrum für Beamte. Das Gebäude selbst ist ein mächtiger hässlicher Betonklotz, aber wunderschön am Hang im Wald gelegen. Jede

Familie, die hier untergebracht wurde, hat ihr eigenes Zimmer, muss nicht auf dem Boden in einer Halle schlafen. Die Einrichtung ist gediegen, japanische Qualität. Am Eingang treffen wir noch einen japanischen Kollegen, ein Bekannter von Fuyuko, der für eine Zeitung in Fukushima arbeitet. Empfangen werden wir von einer Frau so um die Mitte dreißig, mit Brille und kurzen Haaren. Sie hätten nicht so viele Menschen hier, nur etwa 200, erzählt sie, aber es seien alles ganz besonders harte Fälle. Die meisten dieser Familien hier dürften wohl nie wieder in ihre Häuser zurück. Für alle sei eine Welt zusammengebrochen. Sie wüssten nicht wohin, hätten keine Jobs mehr.

„Wissen Sie, in gewisser Weise ist es für diese Menschen hier noch viel schwieriger klarzukommen als für die, deren Häuser durch den Tsunami einfach zerstört wurde. Ihre Häuser stehen alle noch, aber sie dürfen nicht mehr hinein, noch nicht einmal in ihre Nähe. Das ist sehr schwer zu verkraften."

Sie führt uns in die Kantine. Es ist Abendbrotzeit. Ob sie glaubt, dass es jemanden gibt, der mit uns über seine Situation sprechen würde, frage ich die Heimleiterin. Ich möchte vermeiden, besonders traumatisierte Menschen vor eine Kamera zu zerren. Eine Familie erklärt sich bereit. Es ist eine Frau Mitte vierzig mit zwei jungen Töchtern und deren Kindern. Eines der beiden Mädchen ist hochschwanger. Im neunten Monat. Ihr Mann, erzählt uns die Frau, sei gerade im Atomkraftwerk, würde dabei helfen, diese Krise endlich in den Griff zu bekommen. Er hätte immer schon dort gearbeitet, Atomkraft sei für sie, die ganze Familie immer etwas Gutes gewesen. Sie hätten davon gelebt.

„Aber wissen Sie, das ist jetzt vorbei. Sie haben uns belogen, uns nicht die Wahrheit gesagt. Sie haben uns nicht gesagt, wie gefährlich das alles ist, was passiert, wenn etwas schiefgeht."

„Wer hat Sie belogen?"

„Tepco, die Regierung, alle. Wir haben alles verloren. Fast hätte ich auch noch mein ungeborenes Enkelkind verloren."

„Warum das?"

Jetzt meldet sich die schwangere Tochter zu Wort.

„Ich habe mir überlegt abzutreiben, heimlich."

„Im neunten Monat?"

„Ja, im neunten Monat, ich hatte solche Angst, dass mein Baby verstrahlt ist und mit Behinderungen auf die Welt kommt. Ich wollte das nicht. Wir haben doch alles verloren, wie soll ich mich da noch um ein behindertes Kind kümmern? Ohne Job, ohne Wohnung, ohne Geld?"

Zum Glück hatte die Mutter gemerkt, dass mit ihrer Tochter etwas nicht stimmt, und konnte sie überzeugen, das Baby leben zu lassen.

Fuyukos Bekannter erzählt, dass alles noch viel schlimmer sei. Die Menschen aus Fukushima würden mittlerweile wie Aussätzige behandelt, und er berichtet uns von einem Fall, der das klar macht. Ein Mädchen aus Fukushima habe heiraten wollen, einen jungen Mann aus Südjapan. Alles sei arrangiert gewesen. Dann kam die Atomkatastrophe. Die Eltern des jungen Mannes hätten die Hochzeit sofort gestoppt. Man wisse ja nicht, ob das Mädchen noch gesunde Kinder bekommen könne. Und an den Schulen wollten die Kinder nichts mit den Flüchtlingskindern aus der Region Fukushima zu tun haben. Die seien ja möglicherweise verstrahlt.

Ich komme langsam ans Ende meiner Kräfte. Diese Geschichten, die wir seit Wochen hören und erleben, belasten mich mehr, als ich wahrhaben will.

Aber der schlimmste Moment an diesem Tag steht für uns noch aus.

Fuyuko hat uns ein Hotel in einem kleinen Seitental gebucht, abgeschirmt von den „Strahlenwinden". Die Strahlung ist normal. Die Zimmer liegen im achten Stock. Ich schneide mit Toby unsere Stücke fertig. Um 23:30 Uhr gehen wir auf den Parkplatz vor dem Haus, um bei eisiger Kälte unsere Übertragungstechnik aufzubauen. Als Toby mit dem Computer in der Hand hinter mir aus der Tür kommt, beginnt sich die Erde zu bewegen. In kürzester Zeit wird aus der asphaltierten Auffahrt zum Hotel ein Trampolin. Wir können uns nicht mehr richtig auf den Beinen halten. Auf allen vieren suchen wir Halt. Alles ächzt und knarrt in der Dunkelheit. Wir blicken nach oben, voller Angst, dass das Hotel zusammenstürzt. Es ist ein mächtiges Erdbeben der Stärke 7,5. Mir schwinden nach und nach die Kraft und der Mut. Hört das denn nie mehr auf? Und was passiert gerade 70 Kilometer weiter im Atomkraftwerk?

Als sich die Erde wieder beruhigt, versuchen wir zu telefonieren, haben Angst, dass das Beben den Reaktoren in Fukushima nun endgültig den Rest gegeben hat. Unser Hotel hier ist zwar stehen geblieben, aber es ist auch nicht mit Wasser gefüllt, so wie die Reaktorblöcke, von denen es mittlerweile heißt, ihre Statik sei extrem instabil. Manche Experten befürchten auch, dass sich der Beton durch das permanente Besprühen mit Wasser langsam aufweicht. Wir müssen sofort telefonieren. Aber mein Telefon funktioniert nicht. Wie immer nach einem Beben, bricht das Netz zusammen.

„Toby, wo ist Fuyuko? Ist sie noch oben?“

„Ich glaube schon.“

„Achter Stock! Die Fahrstühle gehen bestimmt nicht, oder?“

„Bestimmt nicht.“

„Scheiße, ich will da nicht hochlaufen. Ich habe echt Angst. Diese Beben machen mich fertig. Wir müssen hier weg. Wer weiß, was da in Fukushima passiert ist. Aber meine ganzen Klamotten sind noch oben. Außerdem müssen wir Fuyuko da runter holen.“

„Ich muss sowieso hoch. Das ganze restliche Equipment ist noch oben."

„Ich komm mit. Das schaffst du nicht alles alleine."

Nie wieder werde ich mir in Japan ein Hotelzimmer nehmen, das höher als im zweiten Stock liegt. Ich bin dieses Gerenne leid. Und immer die Angst, dass man nicht rauskommt, wenn die Bude zusammenbricht.

Fuyuko sitzt in ihrem Zimmer, gemütlich aber konzentriert, vor dem Fernseher.

„Also: Aus Fukushima weiß man nur, dass alle Arbeiter in Schutzräume gebracht wurden. Keine Angaben über die Reaktoren. Dafür gibt es Probleme in mindestens zwei weiteren Atomanlagen. In einer Wiederaufbereitungsanlage im Norden ist die Stromversorgung unterbrochen worden und auch im Atomkraftwerk Onagawa ist die externe Stromversorgung ausgefallen. Die Notstromversorgung funktioniert aber angeblich bei beiden."

„Lasst uns packen. Wir bringen jetzt alles ins Auto, damit wir sofort los können, wenn es notwendig wird." Und während wir packen, rumpelt es ein ums andere Mal. In der Pause zwischen zwei Beben bringen wir alles so schnell es geht das Treppenhaus hinunter zum Wagen. Alle Sender wollen Live schalten. Wieder eine Nacht ohne Schlaf, eine bitterkalte Nacht, die wir zwischen den Lives in der Hotellobby verbringen. Leider gibt es dort keine Heizung.

Die Reaktoren in Fukushima haben diesem neuen schweren Erdbeben wohl standgehalten. Jedenfalls gibt es keine anderslautenden Meldungen. Aber auch so wird die Situation immer dramatischer. Permanent, Tag für Tag entweicht aus den Reaktoren radioaktive Strahlung. Mittlerweile hat auch die japanische Regierung die Katastrophe von Fukushima auf Stufe 7 der INES-Skala gesetzt und damit auf eine Stufe mit Tschernobyl. Die in die Atmosphäre entlassene Strahlung beträgt bislang zwar nur etwa ein Zehntel dessen, was in Tschernobyl freigesetzt wurde, aber anders als in Tschernobyl schwappen mehr als einhundert Millionen Liter hoch radioaktiv verseuchtes Wasser in den Reaktorblöcken. Durch einen Riss in der Betonwand eines Kabelschachtes ist in den vergangenen Tagen ein Teil dieses verseuchten Wassers ins Meer gelang. Die offiziell im Meer gemessene Konzentration von Jod 131 lag angeblich 7,5-millionenfach über dem zulässigen Grenzwert. Einziger Trost: Die Halbwertzeit von Jod liegt bei nur acht Tagen, das heißt, diese Strahlenverseuchung lässt zügig nach. Anders sieht es mit Cäsium 137 aus. Dessen Halbwertzeit beträgt 30 Jahre und auch davon ist jede Menge freigesetzt worden, schwappt jede Menge in den Kellern der Reaktoren. Gestern haben sie es nach Tagen hilfloser Versuche endlich geschafft, den Riss mit 6000 Litern Flüssigglas zu stopfen. Aber die Auffangbecken für dieses strahlende Wasser drohen überzulaufen. Um Platz zu schaffen, hatte sich Tepco entschieden, 11.500 Tonnen schwächer strahlendes Wasser einfach so ins Meer zu leiten. Nach Gemüse und Milchprodukten werden spätestens jetzt auch Fisch und Seafood aus der ganzen Region unverkäuflich. Eine ökonomische Katastrophe für die Menschen, die ganze Region, die zu einem großen Teil vom Fischfang und der fischverarbeitenden Industrie lebt. China, Südkorea, Russland, die Nachbarn sind mehr als verärgert, dass sie über diesen Schritt, der möglicherweise auch zu einer Kontaminierung ihrer Küsten und Fischgründe führen könnte, nicht informiert wurden. Aber wenn man schon die eigene Bevölkerung nicht richtig informiert, warum soll man dann die Nachbarn informieren?

Wir haben jetzt den 29. Mai. Drei Tage noch, dann muss die Gemeinde Iitate vollständig evakuiert sein. Iitate liegt zwischen 40 und 60 Kilometer nord-nordwestlich des Atomkraftwerks, das immer noch außer Kontrolle ist und wohl so schnell auch nicht unter Kontrolle gebracht werden kann. Vor knapp einer Woche musste Tepco eingestehen, dass das Ausmaß der Katastrophe viel größer ist, als bislang bekannt gegeben. Schon wenige Stunden nach Erdbeben und Tsunami ist es in Reaktorblock 1 zur Kernschmelze gekommen, kurz darauf auch in den Blöcken 2 und 3. Wochenlang hatten Tepco und die Regierung der Öffentlichkeit etwas vorgemacht, die Dramatik und das ungeheure Gefahrenpotential verschwiegen. Das „Atomdorf" hat zusammengehalten.

Vielleicht auch aus der Angst heraus, dass, wenn die ganze Wahrheit auf den Tisch kommt, das „Atomdorf" selbst evakuiert werden muss. Wie sich jetzt mehr und mehr herausstellt, ist es eine Art Geheimgesellschaft, die selbst den Premierminister, zumindest einen von der Demokratischen Partei, außen vor gelassen hat. Am 20. Mai startet Naoto Kan einen Frontalangriff auf das „Atomdorf". Vor dem Parlament räumt er ein, die Bevölkerung aufgrund der von Tepco zur Verfügung gestellten Informationen völlig falsch informiert zu haben. „Wir haben die falschen Informationen von Tepco nicht aufdecken können. Darüber bin ich zutiefst unglücklich", und er entschuldigt sich bei seinen Landsleuten und dem Rest der Welt. Kan setzt eine Untersuchungskommission ein, die Dokumente einsehen, Tepco-, Behörden- und Regierungsmitarbeiter befragen soll. Kan will aufklären, wie es zu diesem Desaster kommen konnte und warum die Regierung so schlecht informiert war. Ich habe großen Respekt vor ihm, der jetzt aufräumen muss, was durch eine korrupte Struktur, die sich in Jahrzehnten japanischer Politik unbehelligt entwickelt hat, erst möglich wurde. Aber diese feine Trennung zwischen Schuld und Verantwortung nehmen die meisten Menschen auch hier in Iitate nicht vor. Schuld ist Tepco, schuld ist aber auch die Regierung und damit Naoto Kan, der Premierminister. Vielleicht ist es aber auch zuviel verlangt von Menschen, die dabei sind, ihre Heimat zu verlieren.

Es ist eine wunderschöne Landschaft, durch die wir fahren. Üppige grüne Mischwälder, schmale Täler, dazwischen immer wieder mal ein Reisfeld. Kleine Bauernhöfe in japanischer Holzbauweise mit gepflegten Gärten davor. Hier sieht Japan so aus, wie wir Westler uns Japan immer vorstellen. Die Gemeinde Iitate gehört zu den schönsten Regionen in Japan, war vor der Katastrophe ein Magnet für Naturtouristen. Aber damit ist es jetzt vorbei.

„Wenn hier Jahrzehnte, vielleicht Jahrhunderte kein Mensch mehr leben darf, was wird sich dann hier in diesen Wäldern wohl entwickeln?", geht es Toby durch den Kopf, als wir durch die dichten, saftigen Wälder fahren.

„Vielleicht irgendwelche gruseligen Mutanten, vielleicht aber auch gar nichts, weil die Tiere unfruchtbar werden oder ihre Nachkommen so schwer geschädigt sind, dass sie außerhalb des Mutterleibs nicht lange überleben. Wer weiß?"

Es ist auf jeden Fall eine schreckliche Vorstellung, dass diese wunderschöne Gegend verloren ist. Wir machen Halt am Gemeindezentrum von Iitate. Das Dorf gleicht einer Geisterstadt. Keine Menschen auf der Straße, keine Autos. Vor dem Gemeindezentrum ein etwa 1,2 Meter hoher Aluminiumkasten. Im oberen Bereich rote Leuchtdioden, die in schneller Folge immer wieder neue Zahlen anzeigen. 8,5–8,7–8,3–9,5–10.

„Was ist das denn für ein Gerät?"

„Das ist ein Geigerzähler, den ein Privatmann der Gemeinde schon vor Wochen gespendet hat", sagt Fuyuko. „Ursprünglich hatte hier in Iitate niemand gemessen. War ja weit weg vom Atomkraftwerk. Aber dann hat es doch jemand getan, privat, und siehe da. Es gab hier ‚Hot Spots', da haben sie angeblich mehr als 200 Mikrosievert die Stunde gemessen. Und da hat sich ein wohlhabender Bürger der Region gedacht, dass man den offiziellen Messungen nicht trauen kann und hat der Gemeinde diesen Geigerzähler gespendet, damit sie hier immer wissen, wie hoch die Strahlenbelastung ist."

„Dann stehen wir hier also gerade in 8 bis 10 Mikrosievert. Das heißt, in vier bis fünf Tagen haben wir die Dosis für ein ganzes Jahr abbekommen."

„Exakt. Deswegen müssen hier auch alle die Gegend bis Ende Mai verlassen haben."

Wir haben eine Verabredung mit Bauer Tanaka etwas weiter in den Bergen. Es regnet in Strömen, ein starker Wind bläst vom Meer her. Es sind die Ausläufer des Taifuns Songda. Tepco musste gerade eingestehen, dass man noch nicht auf die beginnende Taifunsaison vorbereitet sei. Zwar habe man damit begonnen, eine Art Kunstharz auf dem Gelände zu versprühen, das die radioaktiven Partikel binden solle, aber einem Taifun sei man noch nicht gewachsen.

„Also, wenn der Taifun auf das Atomkraftwerk trifft, dann schleudert er den ganzen Dreck, den Schrott, der da rumliegt, durch die Gegend und verteilt den radioaktiven Staub je nach Windrichtung über das Land. Oder?

„Ja!"

„Das bedeutet aber doch wohl nichts anderes, als dass noch überhaupt nicht klar ist, welche Regionen noch verseucht werden können? Alles hängt vom Wind ab. Eine Art Windroulette."

„Ja!"

„Das heißt, wenn wir Pech haben, dann haben wir eben Pech und stehen in der falschen Windrichtung."

„Genau. Aber das einzig Positive dabei ist, dass der Wind

im Taifun so stark ist, dass er die Partikel breit streut und die Konzentration nicht ganz so hoch ist."

„Na dann! Die Atemschutzmasken haben wir dabei, oder?"

Auf dem Weg zu Bauer Tanaka steigt die Strahlung stetig an, kommt in der Luft im Auto aber nicht über 8 Mikrosievert. Trotzdem, ganz schön hoch. Auf seinem Hof, der abseits der Straße an einem Berghang liegt, ist Herr Tanaka gerade dabei, seine Kühe für die Evakuierung vorzubereiten. Gleich soll ein Viehtransporter einer Bauernkooperative außerhalb von Iitate kommen. Tanaka ist etwa 40 Jahre alt, hat in Kanada Landwirtschaft studiert und mit dem Ersparten seiner Eltern und Krediten der Banken diesen Hof vor zehn Jahren aufgebaut. Er ist mit Leib und Seele Bauer – moderner Bauer, der auf ökologische Landwirtschaft gesetzt hat. Mit den Atomkraftwerken in der Nähe hatte er wie die meisten Bauern hier keine Probleme, denn Atomkraftwerke produzieren ja sauberen Strom, hatte er jedenfalls gedacht. Da ist sie wieder, diese absolute Unwissenheit und Atomgläubigkeit. Das „Atomdorf" hat wirklich ganze Arbeit geleistet. Der Risiken der Kernenergie war sich hier wirklich niemand bewusst. Wir messen mit unserem Geigerzähler die Strahlung auf dem Boden vor Herrn Tanakas Haus. 18,5 Mikrosievert, manchmal 19. In 50 Stunden, also gut zwei Tagen, die Dosis für ein Jahr. Toby und ich rechnen, schauen uns ungläubig an, als wir die Jahres-Strahlenbelastung für Herr Tanaka errechnen. Würde er hier bleiben, bekäme er bei diesen Werten etwa das Achtfache dessen ab, was für einen Arbeiter in einem Atomkraftwerk gerade noch zulässig ist. Wir kommen auf rund 160 Millisievert.

Tanakas Kühe aber haben Glück gehabt. Sie waren im Stall, als die Reaktoren explodierten, und sind bis heute dort geblieben. Tanaka hatte noch genügend Heu aus dem vergangenen Jahr. Die Milch, die die Tiere produzieren, ist deswegen nicht belastet. Der Grund, warum die Tiere überleben dürfen. Wenigstens seine Kühe hat Tanaka retten können. Seine Mutter sieht dabei zu, wie die Tiere verladen werden und weint.

„Als Japanerin darf und will ich eigentlich nichts Schlechtes über mein Land sagen. Aber das geht jetzt nicht mehr. Tepco und die Regierung haben uns nicht richtig informiert und erst viel zu spät und zu langsam gehandelt. Sie verstehen immer noch nicht, was das für uns hier bedeutet, wie die Menschen sich fühlen. Mein Sohn hat sich das alles in zehn Jahren aufgebaut und jetzt ist seine ganze Existenz zerstört. Ich bin sehr, sehr wütend."

Auf umgerechnet über 86 Milliarden Euro Entschädigungsforderungen stellt sich die japanische Regierung mittlerweile ein. Sie sollen aus einem Fonds beglichen werden, in den Tepco, die Regierung, aber auch andere Energieerzeuger einzahlen sollen. Tepco hat schon mal um Staatshilfen gebeten, um seinen Teil beitragen zu können. Auch von einer Verstaatlichung des Unternehmens ist die Rede. Es läuft also wie immer. Solange die Gewinne sprudeln, machen sich einige wenige die Taschen voll. Wenn es mal nicht so gut läuft, wenn das Management versagt hat und das Unternehmen in den Untergang lenkt, dann zahlt der Staat, zahlen also die Bürger. Ob Bankenkrise oder Atomkatastrophe, es läuft immer auf die gleiche Tour. Angesichts der Dimension, um die es bei dieser Atomkatastrophe in Japan geht, klingt es wie Hohn, wenn Energiemanager weltweit vor den Kosten eines Atomausstiegs warnen. Ganz abgesehen von den körperlichen und seelischen Langzeitschäden der Menschen, die von dieser Katastrophe direkt betroffen sind.

„Eigentlich sollte man diesen ganzen Atomdörflern, den Lobbyisten und Energiemanagern weltweit mal eine Woche Sonderurlaub in Iitate spendieren. Was meinst du, Toby?"

„Schöne Idee, aber ich glaube nicht, dass sie kommen würden. Den Dreck müssen die anderen wegmachen. Die armen Schweine, die die Reaktoren kühlen und reparieren. Denk doch nur mal an den Tepco-Boss, der sich während der ganzen Krise versteckt hat und mit Schwindelgefühlen ins Krankenhaus musste."

„Ja, früher hätten sie sich in Japan noch ins Schwert gestürzt, heute haben sie Schwindelanfälle – die Zeiten ändern sich, auch in Japan."

Wir verlassen Bauer Tanaka. Ich möchte unbedingt noch mal an die 20-Kilometer-Sperrzone heran. Ich möchte es mit eigenen Augen sehen, möchte ein Gefühl dafür bekommen, was da los ist. Wir fahren etwa 45 Minuten. Uns kommen jede Menge Militär- und Feuerwehrfahrzeuge entgegen. Als wir in Minamisoma ankommen, ist auch diese Stadt wie ausgestorben. Die Sperrzone geht mitten durch sie hindurch. Das Verblüffende aber ist, dass die Strahlung, die wir hier messen, nicht viel höher als in Tokio ist. Wir messen zwischen 0,15 und 0,25 Mikrosievert. Vor uns eine Polizeisperre auf der Straße, die zum Atomkraftwerk führt. Polizisten mit weißen Schutzanzügen und Atemmasken kontrollieren jeden, der hinein oder heraus will. Es ist das Tor zur Hölle.

Epilog

AUF UNSEREM WEG zurück, querbeet über abgelegene Landstraßen, spielt unser Geigerzähler plötzlich verrückt. Die Strahlung steigt immer weiter. Ab 10 Mikrosievert beginnt unser Gerät zu piepsen. Jetzt hört es nicht mehr auf, steigt auf über 20 Mikrosievert in der Luft im Auto, bei geschlossenen Fenstern. Draußen am Boden der Erde dürfte die Strahlung nach unserer Erfahrung mindestens beim Doppelten liegen. Wir werden alle nervös. Ich sage dem Fahrer, er soll schneller fahren, wir müssen hier weg. Sofort. Wir passieren einen weiteren Checkpoint an einer kleinen Kreuzung in den Bergen mitten im Wald. Der Checkpoint liegt etwa 28 Kilometer entfernt vom Atomkraftwerk. Aber wie es aussieht, hat die Polizei es vorgezogen, diesen Checkpoint wegen der hohen Strahlung zu verlassen. Offiziell gilt nach wie vor die Sperrzone von 20 Kilometern rund um das Atomkraftwerk. Aber die hat nur noch symbolische Bedeutung. Iitate wurde bis Ende Mai vollständig evakuiert. Weitere Gemeinden, die außerhalb der Sperrzone liegen, sollen sich auf Evakuierungen vorbereiten. Die Lage in den Reaktoren ist bis heute nicht unter Kontrolle. Bis heute ist unklar, wie stark die Reaktorschutzbehälter zerstört sind, wie weit sich die geschmolzenen Kernmassen möglicherweise durchgefressen haben. Und so schnell wird man das auch wohl nicht herausfinden können, denn allein die Strahlung im Reaktordruckbehälter 2, dessen Messinstrumente immerhin wieder funktionieren sollen, liegt angeblich bei 25.000 Millisievert – für Menschen sofort tödlich. Nach dem Reaktorunfall 1979 in Three Mile Island in den USA hatte es drei Jahre gedauert, bis eine Sonde in den Reaktorkern eingeführt werden konnte, um sich ein Bild von der Zerstörung zu machen.

Niemand weiß, wie lange das hier in Fukushima dauern wird. Tepco hat zwar angekündigt, bis Ende des Jahres die Kontrolle über die Reaktoren wieder herzustellen. Aber bislang ist das nicht mehr als eine Ankündigung, die man angesichts der bisherigen Informationspolitik mit allergrößter Vorsicht genießen muss. Bis Ende 2011 soll die reguläre Kühlung über die Pumpsysteme wieder hergestellt sein, aber immer wieder gibt es Rückschläge. Mal fällt das Filtersystem zur Dekontaminierung des Wassers aus, mal werden neue Risse entdeckt, durch die Wasser austritt, oder Kurzschlüsse legen Instrumente und Anlagenteile lahm. Und immer noch besteht die Gefahr, dass weitere Erdbeben oder starke Taifune der ganzen Anlage den Rest geben, mit unabsehbaren Folgen für das ganze Land, das schon jetzt vor der größten Herausforderung seit dem Zweiten Weltkrieg steht. Hunderttausende, deren Häuser, deren Heimat und Jobs durch den Tsunami zerstört wurden, suchen nach einer Zukunft. Japans Wirtschaft ist trotz erster Zeichen der Erholung stark geschwächt. Im April sinkt der Export um 12,5 Prozent. Allein die Autoproduktion von Großkonzernen wie Toyota oder Honda bricht teilweise um über 50 Prozent ein. Viele Lebensmittel- und Fischprodukte aus Japan sind auf dem Weltmarkt zwar nicht komplett unverkäuflich, werden aber mit immer spitzeren Fingern angefasst. Auch die Tourismusbranche leidet – minus 62 Prozent ausländische Touristen im April. Und während Japans Wirtschaft in schwereres Fahrwasser gelangt, steigt die Staatsverschuldung unaufhörlich. Doch anstatt in dieser schwierigen Situation an einem Strang zu ziehen, herrscht in der japanischen Politik Chaos. Parteiinterne Kritiker aus Kans Demokratischer Partei und die konservative LDP sehen in der Krise eine Chance, mal wieder einen Premierminister loszuwerden, den sechsten in sechs Jahren. Kan übersteht ein Misstrauensvotum Anfang Juni nur mit der Ankündigung, zurückzutreten, sobald Erdbeben- und Atomkatastrophe unter Kontrolle gebracht seien. Nur mit dieser Ankündigung kann er seine Parteifreunde überzeugen, nicht mit der Opposition zu stimmen. Doch schon am Tag nach dem überstandenen Misstrauensvotum beginnen seine eigenen Leute wieder, ihn zu meucheln. Es ist von außen betrachtet absurd, was sich die politische Klasse in Japan da mitten in der Krise leistet. Nicht weniger absurd ist der Versuch, der Öffentlichkeit, vor allem Kindern, zu erklären, was sich in Fukushima gerade abspielt. Aber eigentlich ist es keine Erklärung, sondern der Versuch einer gezielten Verharmlosung. Sollte Pluto-kun, der kleine Plutoniumjunge, noch erklären, warum Plutonium eigentlich gar nicht so gefährlich ist, ist es jetzt „der kleine Atomkraftwerks-Junge, der Bauchweh hat". Die Zeichentrickanimation des japanischen Medienkünstlers Kazuhiku Hachiya wird im größten Fernsehsender des Landes NHK ausgestrahlt und ist auf Youtube zu bewundern. Der kleine AKW-Junge symbolisiert einen Reaktor aus Fukushima. Der Reaktorjunge hat Bauchweh, aber zum Glück hat er bislang nur „gefurzt". Gemeint sind ganz offensichtlich die Wasserstoffexplosionen. Zum Glück habe er noch nicht „groß gemacht", Kot – nuklearer Abfall – sei noch nicht herausgekommen. Die Menschen in der Umgebung des Atomkraftwerks-Jungen hätten den „Furz" zwar gerochen, aber das sei ja kein Problem für die Menschen weiter weg. Etwas anderes wäre es, wenn der Junge „kacken" würde. Aber zum Glück trägt er ja Windeln und außerdem würden ihm ja heldenhafte „Ärzte" Medizin verabreichen (Wasser), damit es gar nicht erst so weit komme.

Manchmal bleibt einem einfach nichts anderes übrig, als den Kopf zu schütteln. Und das geht auch immer mehr Japanern so. Immer mehr Menschen sind es leid, für dumm verkauft zu werden. Diese Krise hat vielen die Augen geöffnet und jeden Tag, den sie andauert, werden es ein paar mehr.

Stetig steigt die Zahl der Demonstranten, die einen Ausstieg aus der Atomwirtschaft fordern. Und das in einem Land, in dem Demonstrationen eher verpönt sind, weil sie die gesellschaftliche Harmonie stören. Die Mehrheit der Japaner, gut 70 Prozent, hat sich nach einer Umfrage mittlerweile dagegen ausgesprochen, die 35 nach der Krise heruntergefahrenen Atomkraftwerke wieder hochzufahren. Japan hat sich durch die Katastrophe verändert. Ein Prozess, der noch lange nicht abgeschlossen ist. Die Katastrophe hat den Menschen gezeigt, wie anfällig auch ein hoch industrialisiertes Land ist. Sie hat gezeigt, was passieren kann, wenn man aberwitzige Milliardenbeträge in völlig nutzlose und überflüssige Bauprojekte steckt, damit die Wirtschaft und in vielen Fällen auch die Freundschaft zwischen Politikern und Unternehmern am Leben gehalten wird, nicht aber in den Bau von Tsunamischutzwällen vor Atomkraftwerken. Als Naoto Kan Anfang Mai fordert, eines der größten japanischen Atomkraftwerke sofort abzuschalten, hören viele Japaner geschockt seine Begründung. Das Atomkraftwerk Hamaoka, das nur 170 Kilometer südlich von Tokio liegt, müsse aus akuten Sicherheitsüberlegungen heruntergefahren werden. Es bestehe eine fast 90prozentige Wahrscheinlichkeit, dass Hamaoka in den nächsten 30 Jahren von einem Beben der Stärke 8 getroffen werde, sagt der Premierminister. Hamaoka besitzt noch nicht einmal einen Tsunamischutzwall, der diesen Namen verdient.

Die Dreifachkatastrophe, die am 11. März 2011 um 14:46 Uhr begann, hat wahrscheinlich 25.000 Menschen das Leben gekostet, Familien zerstört und die Zukunft von Hunderttausenden infrage gestellt. Die Folgen der Reaktorkatastrophe sind noch immer nicht absehbar. Und doch hat diese Katastrophe, so merkwürdig das auch klingen mag, etwas Positives erreicht. Die Menschen in Japan und überall auf der Welt haben registriert, wie notwendig es ist, Dinge zu hinterfragen und nicht einfach blind zu vertrauen auf das, was Politiker und Lobbyisten als unumstößliche Wahrheit darstellen. Gegen die Natur und ihre Gewalten sind wir machtlos. Nicht aber gegen Dummheit, Habgier und Eigennutz, die uns Menschen immer wieder an den Abgrund führen.

Danksagung

DER ERSTE DANK gilt dem Herder Verlag, meinem Lektor Patrick Oelze und meinem Agenten Harry Olechnowitz, die auf die Idee gekommen sind, mich dieses Buch schreiben zu lassen. Sie haben mir den Therapeuten erspart. Die Zeit in Japan war so intensiv, hat so viele existentielle Fragen auf einmal aufgeworfen, dass ich wahrscheinlich in meinem Job, schon aus Zeitgründen, daran gescheitert wäre, sie aufzuarbeiten. So aber war ich gezwungen mich hinzusetzen, in der Nacht, am Wochenende, an freien Tagen, und alles noch mal durchzugehen – Angst, Verantwortung, Loyalität, Vertrauen, Freundschaft, Verlässlichkeit und Liebe – und die Frage, wo stehe ich in alldem. Mir ist beim Schreiben einmal mehr klar geworden, was für ein Privileg es ist, mit so grandiosen und professionellen Menschen zusammenarbeiten zu dürfen wie Fuyuko, Toby, Lilo und Jörg, den Kollegen aus der „Grotte" in Mainz, Marina Kunke, Ralf Zimmermann von Siefart und den vielen andern, die alles gegeben haben, damit wir diese für uns sehr schwierige Situation unaufgeregt und professionell meistern konnten. All das aber wäre nicht möglich gewesen ohne einen Arbeitgeber, zu dessen Unternehmensphilosophie es gehört, auf seine Mitarbeiter zu hören, ihnen zu vertrauen, ihre Ängste ernst zu nehmen und ihre persönliche Unversehrtheit auch im härtesten Wettbewerb über alles zu stellen. Außergewöhnlich in unserem Mediengeschäft. Die Zeit in Japan hat mich stolz gemacht, für das ZDF zu arbeiten. Auch das ein Privileg, dessen ich mir sehr bewusst geworden bin.

Sonja Blaschke, meiner Kollegin aus Japan, habe ich es zu verdanken, dass ich überhaupt noch schlafen kann. In mühevoller Kleinarbeit hat sie die Fakten in diesem Buch ge-

genrecherchiert und mich so manches Mal vom Glatteis geholt.

Der allergrößte Dank aber gilt meiner tollen Frau Ayang und meinen beiden wunderbaren Kindern Julie und Julian. Ohne eure Liebe wäre ich heute noch auf der Suche nach dem Sinn des Lebens. Ihr seid es, die mir die Kraft geben, auch in den schlimmsten Momenten durchzuhalten.